Don Jacobson

Gott kümmert sich um dich

Über den Autor:

Don Jacobson arbeitete über 30 Jahre in der Verlagsbranche. Nach wie vor begeistert es ihn, wenn Geschichten die Welt ein kleines bisschen besser machen und der Kirche helfen, ihrem Auftrag nachzukommen. Dieses Buch entstand in der Zusammenarbeit mit *K-Love,* einem christlichen Radiosender in den USA, dem wöchentlich bis zu 12 Millionen Hörer folgen.

Don Jacobson

Gott kümmert sich um dich

40 wahre Erlebnisse

Aus dem Englischen von Antje Balters

Gerth Medien

Inhalt

Vorwort

Es wird zurzeit viel über Wunder geredet. Gibt es sie tatsächlich? Skeptiker werden sagen, dass Wunder nur Märchen sind oder Wunschvorstellungen. Sogar Leute, die sich als gläubige Christen bezeichnen, äußern manchmal Zweifel, ob es Wunder heute noch gibt. Wie genau wird *ein Wunder* eigentlich definiert?

Es gibt bestimmt viele Leute, die Unerklärliches erleben. Ob es sich dabei um einen Tumor handelt, der bei einer Computertomografie plötzlich nicht mehr da ist, ob es ein Nahtoderlebnis ist oder ob jemand unerwartet und wie aus dem Nichts mit etwas versorgt wird, das er gerade dringend braucht. Viele Betroffene sind danach unendlich dankbar und sind sich sicher: „Das kam von Gott."

Solche Erlebnisse kommen viel öfter vor, als man vielleicht meint. Wir hoffen, dass Sie nach dem Lesen der Geschichten in diesem Buch anfangen werden zu glauben, dass Gott seine Macht und Liebe schon immer verwendet hat und es nach wie vor tut, um seinen Kindern zu helfen. Wir hoffen, dass Sie neu von Freude erfüllt und ermutigt werden, wenn Sie von den Erfahrungen der Christen aus der ganzen Welt mit Gott lesen.

Aus fast 1.400 Geschichten haben wir diese 40 ausgesucht, um zu zeigen, wie Gott durch seine Bewahrung und seine Fürsorge körperliche und seelische Heilung im Leben von Menschen bewirkt. Bei einigen Geschichten werden Sie vielleicht sagen: „Wow! Das ist wirklich ein Wunder!" Andere, weniger dramatische Geschichten zeigen vielleicht, wie Gott auf eher unspektakuläre, indirekte Weise wirkt, damit wir Jesus immer ähnlicher werden. Auch solche Geschichten wollten wir in diesem Buch haben, weil sie uns daran erinnern, dass Gott bei kleinen Dingen ebenfalls handelt, und zwar tagtäglich in unserem ganz normalen Alltag. Das größte Wunder ist wohl, dass Jesus für uns gestorben ist, uns dadurch unsere Fehler vergeben kann und wir nun eine persönliche Beziehung zu Gott haben können. Das kann jeder erfahren, der es ernsthaft möchte.

Wir beten für Sie! Und wir sind gespannt zu erfahren, wie Gott die Geschichten aus *Gott kümmert sich um dich!* benutzt, um Ihr Leben zu verändern.

1
Einfach tun, was Gott sagt

MICHELLE MYRE

Meistens glauben wir ja, dass es solche Wunder wie damals zur Zeit Jesu heute nicht mehr gibt. Wir bitten Gott vielleicht bei kleineren Angelegenheiten um Hilfe – bei der Jobsuche zum Beispiel, oder wenn wir im Flieger sitzen und es Turbulenzen gibt, oder wenn wir Schmerzen haben oder trauern. Aber was ist mit den richtig großen Dingen? Was ist mit den Blinden und den Toten? Möchte Gott nicht, dass wir auch da auf seine Hilfe und Heilung vertrauen? Manchmal brauchen wir dazu nicht nur Glauben, sondern auch Mut.

Meine Tochter und ich waren an einem heißen Nachmittag unterwegs zum Supermarkt. Es waren über 35 Grad im Schatten, und als Bewohner des Nordwestens der USA hatten wir unsere Mühe mit diesem Wetter. Plötzlich entdeckte ich eine junge Frau, die rücklings auf dem Asphalt eines Schulparkplatzes lag. Irgendetwas stimmte da nicht. So sonnte sich doch kein Mensch! Instinktiv bog ich auf den Parkplatz ab.

Ich hielt neben einem völlig verbeulten alten Transporter und ging zu dem Mädchen hinüber, das noch keine zwanzig war. Sie lag einfach da auf dem Asphalt, das lange blonde Haar und das weiße Kleid um sie herum ausgebreitet. Eine ältere Dame stand über das Mädchen gebeugt und telefonierte mit ihrem Handy. Ich fragte sie, ob sie den Notruf gewählt habe, aber sie sah mich erstaunt an und antwortete, sie habe nur nachschauen wollen, wieso das Mädchen hier auf dem Boden liege und schlafe. Ich war fassungslos und forderte sie auf, sofort ihr Gespräch zu beenden und den Notruf zu wählen.

Dann kam noch ein junger Mann dazu, der aus dem alten verbeulten Wagen gestiegen war. Ich vermutete, dass er der Freund des Mädchens war, denn als er sie sah, schluchzte er, rief ihren Namen und flehte sie an, doch aufzuwachen. Er packte sie bei den Schultern, schüttelte sie und schrie laut. Was auch immer er damit bezwecken wollte, es nützte nichts. Sie musste sofort wiederbelebt werden.

Ich brachte ihn dazu, sie wieder hinzulegen, und musste ihn mit aller Kraft vom Ort des Geschehens wegbringen. Wenn er wolle, dass sie am Leben bleibe, sagte ich ihm, dann müsse er mich sofort nachschauen lassen, was mit ihr los sei. Schon in dem Moment, als ich mich neben sie kniete, war mir klar, dass sie nicht atmete und in kritischem Zustand war. Sie hatte einen Puls von über 200, und ich konnte von außen ihr Herz hämmern sehen. Die Zeit drängte.

Wie aus dem Nichts tauchte plötzlich von irgendwoher ein Mann auf, der sich als pensionierter Feuerwehrmann ausgab. Ich war unendlich dankbar für seine Hilfe, und wir fingen sofort gemeinsam an, das Mädchen wiederzubeleben. Für die Herzdruckmassage legte ich meine Hände übereinander direkt aufs Brustbein des Mädchens, streckte die Arme durch und drückte fünfzehn Mal, so fest ich konnte, bevor der Feuerwehrmann sie dann zwei Mal beatmete. So arbeiteten wir in einem gleichmäßigen Rhythmus wie nach dem Lehrbuch.

Nach sieben oder acht Durchgängen zeigte die graue Gesichtsfarbe des Mädchens, dass ihr Leben am seidenen Faden hing. Uns lief der Schweiß in Strömen übers Gesicht, während die Sonne gnadenlos auf uns herunterbrannte. Meine Knie schmerzten von dem heißen Asphalt, auf dem ich kniete. Ich geriet langsam in Panik; ich wollte das Mädchen unbedingt retten. Jedes Mal, wenn ich auf ihr Brustbein drückte, machte ihr Körper ein furchtbares pfeifendes Geräusch, weil durch den Druck meiner beiden Hände die Luft aus ihrem Körper herausgepresst wurde. Ich hatte schreckliche Angst, dass sie bald sterben würde, und mir wurde langsam klar, dass das, was wir da mit unseren Händen taten, nichts brachte.

In dem Moment, als ich wieder mit der Herzdruckmassage an der Reihe war und der Feuerwehrmann mich erwartungsvoll ansah, war es, als flüsterte eine Stimme in mein rechtes Ohr: *Bete!*

Sonst hörte ich nichts. Nur eine ruhige Stimme, die mir befahl: *Bete!*

Inzwischen hatte sich eine Menschentraube um uns herum gebildet. Für den Bruchteil einer Sekunde dachte ich: *Was diese Leute wohl denken, wenn ich das wirklich mache.* Aber dann beschloss ich zu tun, was Gott mir gesagt hatte, und im Vertrauen auf ihn zu beten. Ich legte die Hände, die für die Druckpunktmassage immer noch auf dem Brustbein des Mädchens lagen, ganz locker auf ihren Brustkorb und sagte die Worte, die mir in dem Augenblick in den Sinn kamen: „Im Namen Jesu, atme!"

Es folgte keine Pause, nicht einmal eine kleine Verzögerung, kein Moment, in dem wir einfach dasaßen, warteten und uns fragten, was wohl als Nächstes passieren würde oder was wir als Nächstes versuchen sollten. Unmittelbar nachdem ich die vier Worte gebetet hatte, krümmte sich der Körper des Mädchens nach oben, so als würde er von einem riesigen Haken in der Mitte nach oben gezogen. Sie öffnete die Augen und holte einmal unglaublich tief Luft – so wie es Taucher tun, wenn sie nach längerer Zeit wieder auftauchen –, atmete tief ein und füllte jede Faser ihres Körpers mit frischer Luft. Das war das schönste Geräusch, das ich jemals in meinem Leben gehört habe.

„Wo bin ich?", fragte sie.

Ich war überglücklich. Als ich mich auf meine Fersen zurücksetzte, erschöpft und begeistert zugleich, sagte ich ihr, dass alles gut werden würde. Sie kippte rückwärts in die Arme des Feuerwehrmannes, und in dem Moment kamen auch schon die Rettungssanitäter und übernahmen.

Weinend, aber im Herzen voller Freude, machte ich ihnen Platz. Ich konnte nicht aufhören, Gott zu loben und zu preisen.

„Haben Sie das gesehen? Gott hat sie gerettet. Das war einfach fantastisch. Danke, Jesus!“ Die Leute achteten gar nicht auf mich, sondern interessierten sich viel mehr für die Sanitäter, die dem Mädchen Sauerstoff gaben und versuchten, sie zu stabilisieren. Irgendjemand aus der Menge rief mir aber doch zu: „Oh ja!“

Einigen Leuten bin ich wahrscheinlich wie eine Verrückte vorgekommen, als ich Jesus so lobte, aber die merkwürdigen Blicke machten mir nichts aus. Ein bisschen traurig war ich allerdings, dass ich den pensionierten Feuerwehrmann nicht mehr finden konnte. Ich wollte mich bei ihm für seine Hilfe bedanken, aber er war einfach verschwunden.

Kurz danach ging ich ebenfalls. Vielleicht wusste nicht jeder dort, was wirklich mit der Frau passiert war, aber ich wusste es. Und meine Tochter, die vom Auto aus alles beobachtet hatte, wusste es auch. Als wir weiterfuhren, staunten wir beide und waren dankbar, dass Gott mich unmittelbar an einem so schönen Wunder hatte teilhaben lassen, indem er meine Hand gehalten und mir ins Ohr geflüstert hatte.

Wunder werden nicht durch technischen und medizinischen Fortschritt abgelöst. Sie sind keine Geschichten aus biblischen Zeiten. Es gibt sie auch heute noch. Manchmal müssen wir nur das tun, was Gott uns sagt, und ihm genug vertrauen.

2
Freunde – von Gott geschickt

KRIS HECKMAN

Ich glaube, Gott hat gewusst, dass mir meine Tochter so früh genommen werden würde, und deshalb war auch die gemeinsame Zeit, die wir hatten, etwas so Besonderes. Von dem Augenblick an, als ich ihr den Namen Mia gab, hat Gott gewusst, dass sie mehr sein würde als meine Tochter, nämlich meine Freundin.

Mia war ein ganz besonderes Mädchen. Ich weiß, dass das alle Eltern über ihre Kinder sagen, aber so vieles von dem, was sie zu ihren Lebzeiten getan hat, ist in unserem Herzen immer noch gegenwärtig und lebendig. Ihre Gedichte und ihr Tagebuch begleiten uns, und ich höre immer wieder gern ihre hübsche Stimme auf den Familienvideos. Mia war eine einzigartige Persönlichkeit und wunderschön in ihrer Einfachheit. Wenn Freunde vorbeikamen, dann war es bei ihr ganz normal, dass sie in Jogginghose und Kapuzenpulli die Tür aufmachte, das Haar verwuschelt, als wäre sie gerade aus dem Bett gekommen. So war Mia – bodenständig, aber manchmal auch sehr eigenwillig. Sie war mitfühlend und ihren Mitmenschen gegenüber sehr fürsorglich. Wir haben sie alle sehr geliebt – ihr Vater, ihr älterer Bruder Jeremy, ihre Familie und auch ihre Freunde.

Ich hoffe, dass Sie sich an die Geschichte von Mias Tod noch lange erinnern werden. Es ist eine Geschichte, die zeigt, wie Gottes erstaunliche Liebe gerade auch in den schlimmsten Momenten des Lebens erfahrbar ist. Die Geschichte erzählt von einem großen Verlust, aber sie erzählt auch von Hoffnung.

Mein Mann und ich waren auf einer Kreuzfahrt nach Alaska. Am 3. Juli legten wir in Seattle im Nordwesten der USA ab und lernten noch am selben Abend beim Essen die acht Personen kennen, mit denen wir während der gesamten Fahrt im Speisesaal an einem Tisch sitzen würden. Bevor der Hauptgang serviert wurde, bat uns Mike, einer der sehr netten Mitreisenden an unserem Tisch, einander die Hände zu reichen und zu beten. Soweit wir feststellen konnten, waren Mike, seine Frau und wir die einzigen Christen an unserem Tisch.

Erst am nächsten Abend konnten wir uns ein bisschen ausführlicher mit Mike und seiner Frau Elsie unterhalten. Sie erzählten uns von ihrem Engagement in der Arbeit ihrer Gemeinde in einem Gefängnis, und so verging der Abend wie im Flug, bis wir schließlich die letzten Gäste im Speisesaal waren. Wir erzählten Mike und Elsie auch aus unserem Leben und von unseren beiden Kindern, dem einundzwanzig Jahre alten Jeremy und der achtzehnjährigen Mia. Außerdem berichteten wir, dass mein Mann auf der Suche nach einer neuen beruflichen Herausforderung sei. Wir baten Mike und Elsie, besonders unsere Tochter in ihre Gebete einzuschließen, weil sie gerade ihren Schulabschluss gemacht hatte und in eine kleine Stadt in die Nähe der Familie meines Mannes gezogen war. Dort lebte Mia in einer eigenen Wohnung und wollte herausfinden, was sie mit ihrem Leben anfangen sollte.

Wahrscheinlich war das der Moment, in dem uns klar wurde, dass Gott uns aus einem bestimmten Grund mit Mike und Elsie an einen Tisch gesetzt hatte. Mike erzählte uns nämlich, dass er und Elsie ursprünglich eine christliche Kreuzfahrt hatten buchen wollen, dann aber das Gefühl gehabt hätten, Gott wolle sie auf unserem Schiff, der *Oosterdam*, haben. Sie hatten beschlossen, diesem Eindruck zu vertrauen und Gott gebeten, sie mit Menschen an einen Tisch zu setzen, die sie unterstützen könnten. Offensichtlich wurde ihre Bitte erhört.

„Ich glaube, ihr seid der Grund, weshalb Gott uns auf diese Kreuzfahrt geschickt hat", sagte Mike.

Ich war darüber ziemlich überrascht, dachte mir aber, dass wir ja den Rest der Woche Zeit hatten, um herauszufinden, ob das stimmte. Vielleicht sollten die beiden ja meinem Mann bei der Entscheidung wegen seiner beruflichen Zukunft und für sein Leben allgemein einen Rat geben, und vielleicht würden ja auch ihre Gebete für unsere Tochter ihr weiterhelfen.

Der Abend ging zu Ende, und wir gingen auf unsere Zimmer. Ich schlief ein, wurde aber um 1 Uhr vom Klingeln meines Handys geweckt. Es war der Bruder meines Mannes. Er erklärte, Mia habe einen Autounfall gehabt. Sie habe einen Herzstillstand erlitten und sei in eine Klinik geflogen worden.

Wir rannten hinunter zum Hauptbüro des Schiffes, um in Erfahrung zu bringen, wie wir möglichst schnell von Bord gehen konnten. Das Schiff war gerade erst aus dem Hafen ausgelaufen und auf dem Weg zum nächsten Hafen würde es für etwa sechs Stunden keinen Handyempfang geben. Fast unmittelbar nach dem Anruf hatte mein Mann die Besatzung gebeten, Mike und Elsie zu holen. Wir wussten nur ihre Vornamen und unsere Tischnummer im Speisesaal, doch die beiden wurden schnell ausfindig gemacht.

Als Elsie bei uns ankam, weinte sie. „Jetzt weiß ich, warum Gott uns auf diesem Schiff haben wollte", sagte sie. Da mussten wir ihr recht geben, und wir waren unendlich dankbar, dass die beiden bei uns blieben, während wir darauf warteten, dass es 9.00 Uhr wurde. Dann sollten wir nämlich von einem Fischerboot abgeholt werden. Als das Boot schließlich unser Schiff erreicht hatte, legte es nur gerade so lange längsseits an, dass wir über eine Strickleiter hinunterklettern konnten. Wir wurden nach Yakutat in Alaska gebracht und von dort aus weiter zum Flughafen. Während des Fluges bekamen wir ein Papptablett mit einem kleinen Imbiss serviert, doch uns war beiden nicht nach Essen. Dann bemerkten wir, dass auf dem Tablett das Logo der Fluggesellschaft Alaska Airlines abgebildet war und ein Sonnenuntergang mit einem darunterstehenden

Bibelvers: „Preist den Herrn, denn er ist gut, und seine Gnade hört niemals auf" (Psalm 107,1). Ich blickte zu meinem Mann hinüber und wusste, dass Gott uns durch diesen Vers ermutigen wollte.

Dreiunddreißig qualvolle Stunden nach dem ersten Anruf mit der Nachricht über den Unfall standen wir endlich an Mias Bett. Sie war bis zu unserer Ankunft an lebenserhaltende Geräte angeschlossen worden, damit wir noch von ihr Abschied nehmen, sie in die Arme schließen und ihr noch einmal sagen konnten, wie sehr wir sie liebten. Und dann nahm Gott, unser Vater im Himmel, sie zu sich.

Noch im Krankenhaus wurden wir gefragt, ob wir einer Organspende zustimmen würden, und wir erklärten uns einverstanden. Später bei der Trauerfeier erzählte uns eine Freundin, dass Mia im Biologieunterricht bei einer Einheit über Organspende gesagt habe, sie wolle auf jeden Fall ihre Organe spenden, falls sie irgendwann in die Situation käme. Für uns war es eine große Hilfe, das zu wissen. Genauso hilfreich war es, die Empfänger von Mias Organspende kennenzulernen: einen dreiundsechzig Jahre alten Mann, einen zweiundfünfzig Jahre alten Mann und eine siebenundfünfzig Jahre alte Frau. Ich habe ihnen allen geschrieben. Den zweiundfünfzigjährigen Mann, der Mias Leber bekommen hat, haben wir sogar besucht, und es geht ihm gut. Der Mann, dem Mias Niere transplantiert wurde, schrieb uns, er sei exakt ein Jahr vor Mias Tod krank geworden, und zwar während einer Kreuzfahrt nach Alaska auf einem Schiff namens *Oosterdam*. Er habe damals mitten auf der Reise ausgeschifft werden müssen, genau wie wir. Wir glauben nicht an Zufälle.

Ich staune darüber, dass Gott ausgerechnet ihn als einen der Empfänger von Mias Organspende ausgesucht hat, und zwar auch deshalb, weil er und seine Frau vor zwanzig Jahren selbst ein Kind durch einen Unfall verloren hatten. Sie wussten also ganz genau, wie wir uns fühlten.

Mia war ein sehr wichtiger Teil unseres Lebens und unser Herz ist immer noch von Schmerz erfüllt. Sie hat eine große Lücke in unserem Leben hinterlassen, aber unser Glaube bleibt fest. Wir glauben an einen Gott, der uns so sehr liebt, dass er uns Mike und Elsie schickte, damit wir nicht so alleine waren in den schweren Stunden, nachdem wir von Mias Unfall erfahren hatten. Und inzwischen wissen wir, dass Gott noch einiges getan hat, nachdem wir von Bord gegangen waren. Mike und Elsie haben nämlich andere Paare von unserem Tisch dabei begleitet, wie sie eine persönliche Beziehung zu Jesus begonnen haben. Und Gott hat auch die Herzen von zwei muslimischen Arbeitern auf dem Schiff, die bei unserer Ausschiffung halfen, verändert. Beide sind nun Christen.

Gott wirkt auf eine Weise, die wir oft nicht einmal annähernd begreifen können. Gerade in den schlimmsten Zeiten unseres Lebens ist er treu. Wir vermissen Mia unendlich und in unseren Gedanken ist sie immer gegenwärtig, aber wir wissen auch, dass Gott ein großer Gott ist. Er schenkt jedem ewiges Leben, der daran glaubt, dass Jesus für seine Fehler gestorben ist, und der sein Leben nun mit Jesus lebt. Unser Gott, der die Sterne am Himmel geschaffen hat, kennt unsere Namen, und eines Tages werden seine Kinder bei ihm im Himmel zu Hause sein. Wenn es bei uns so weit ist, dann wissen wir, dass wir Mia wiedersehen werden und dann nie wieder von ihr Abschied nehmen müssen.

3
Das Gefängnis hat mich gerettet

ALISON WILSON

Wir kennen uns nicht, aber Sie haben mich schon gesehen. Sie sind schneller gegangen, wenn Sie auf dem Bürgersteig an mir vorbeigehen mussten. Sie wollten mich übersehen, aber irgendetwas an der Art, wie ich zusammengekauert in einem Hauseingang saß, hat Sie daran gehindert wegzuschauen. Sie haben Ihre Liebste oder Ihren Liebsten ganz fest an sich gezogen, als sich unsere Blicke trafen. Manchmal haben Sie gelächelt, manchmal auch nicht.

Vielleicht war ich betrunken oder auch high von Drogen. Ich habe Sie vielleicht um Geld angebettelt, vielleicht aber auch so getan, als wären Sie gar nicht da. Wie alle obdachlosen Drogensüchtigen habe ich nur für den Augenblick gelebt – für den Augenblick, in dem ich nicht mehr fühlen musste, dass ich lebte. Betäubt zu sein war das Beste, was ich mir erhoffen konnte.

Das alles änderte sich am 20. April 2011. Damals war mir das zwar noch nicht klar, aber von dem Augenblick an, als ich vor dem Streifenwagen stand, die Beine auseinandergestellt, die Arme hinter dem Rücken, das Gesicht auf dem Dach des Autos, sollte sich mein Leben radikal ändern. Ich sollte noch einmal ganz neu beginnen.

Ich kann mich nicht genau an den Moment erinnern, als ich drogensüchtig wurde – es gibt dafür ja kein offizielles Eintrittsdatum –, aber ich weiß, dass ich schon seit 2008 auf der Straße lebte, also seit mein Mann und ich uns getrennt hatten. 2011 war es dann so weit mit mir gekommen, dass ich pro Tag 100 Dollar für Drogen brauchte, um den Tag zu überstehen. Meistens beschaffte ich mir das Geld durch Diebstähle. Ich klaute alles und bei jedem – auch in Geschäften – und am 20. April beschloss ich, an einem neuen Ort zu klauen.

Damals wollte mein Drogendealer Steaks als Bezahlung für den Stoff – warum, weiß ich nicht, und ich habe auch nicht nachgefragt. Ich weiß nur, dass er Steaks und ich Crystal Meth[1] wollte. Also versuchte ich, in einem Supermarkt fünfzehn Steaks in meine Tasche zu stopfen. Als ich den Laden wieder verlassen wollte, wurde ich vom Sicherheitsdienst geschnappt. Und dann wurde es richtig übel. Die Angestellten des Supermarktes schrien mich an und die Sicherheitsleute schubsten mich herum. Ich konnte an nichts anderes denken als an das Crystal Meth, das ich jetzt nicht bekommen würde.

Für einen Drogensüchtigen ist das Schwierigste am Gefängnis der Entzug, und ich war seit über zehn Jahren nicht mehr drogenfrei gewesen. Mein Körper war völlig ausgezehrt und abhängig von der Droge, aber das war der Polizei völlig gleichgültig. Ich war beim Stehlen erwischt worden und dafür kam ich jetzt ins Gefängnis. Mit dem Entzug musste mein Körper hinter Gittern allein fertigwerden.

Zu all dem kam noch hinzu, dass ich zu diesem Zeitpunkt im siebten Monat schwanger war. Ich hatte so lange exzessiv Drogen genommen und meinen Körper dadurch schwer misshandelt, dass schon allein die Geburt meines gesunden Sohnes zwei Monate später ein Wunder war. (Es geht ihm übrigens gut; er wächst und gedeiht.) Als ich im Gefängnis war, konnte ich mir nicht vorstellen, dort jemals wieder herauszukommen. Schwanger zu sein bedeutete, in Einzelhaft zu sitzen, also dreiundzwanzig Stunden am Tag alleine eingesperrt zu sein. Eine Stunde täglich hatte ich zum Duschen und Telefonieren, aber das war es dann auch schon. Freigang gab es gar nicht.

---

1 Eine synthetische Droge, die eine aufputschende Wirkung hat, schnell abhängig macht und sehr stark den menschlichen Körper angreift.

Am Anfang war mir das alles ziemlich egal, denn in den ersten Tagen schlief ich nur. Ich aß noch nicht mal etwas, sondern stand nur auf, wenn ich zur Toilette musste. Jede Faser meines Körpers schmerzte. In meinem Magen rumorte es ununterbrochen, und während mein Körper nach Drogen schrie, konnte ich gegen die Schmerzen und die anderen Entzugserscheinungen nichts anderes tun, als von Drogen zu träumen. Aber damit nicht genug: Ab und zu wachte ich auf – manchmal nachts, manchmal auch tagsüber – und zitterte vor Kälte oder mir war unglaublich heiß. Wie ein Kind, das sein Spielzeug nicht bekommt, spielte mein Körper verrückt. Mir blieb nichts anderes übrig als abzuwarten.

Irgendwann, es war vielleicht der dritte Tag, wachte ich auf, und einen kurzen Moment lang fühlte ich mich besser. Die Schmerzen hatten nachgelassen, und auch der Schüttelfrost und die Schweißausbrüche waren nicht mehr so schlimm. Zum ersten Mal war ich in der Lage, mich umzuschauen, wo ich eigentlich war. Die Zelle war unglaublich klein, und es stank erbärmlich darin. Die Wände waren schmutzig weiß, und auf einer Pritsche lag eine dünne Matratze mit einer grauen Decke. Direkt neben der Pritsche befand sich eine Metalltoilette, und auf dem Fußboden lag eine Bibel. Es gab kein Fenster, sondern nur eine kleine Glasscheibe in der blauen Zellentür aus Metall. Als ich mir die Zelle lange genug angesehen hatte, bekam ich Panik. Hier wollte ich nicht sein. Nein, hier wollte ich absolut nicht sein.

Nach dem Drogenentzug und so allein in meiner Zelle eingesperrt gab es etwas, wovon ich wirklich reichlich hatte: Zeit. Ich saß auf der Pritsche und dachte darüber nach, was aus meinem Leben geworden war. Meine ersten nüchternen Gedanken galten meinen beiden Töchtern. Zum ersten Mal seit Jahren verhinderten die Drogen nicht, dass ich sie vermisste. Zum ersten Mal seit Jahren empfand ich einen ungeheuren Schmerz über das, was ich ihnen angetan hatte. Meine Trauer und meine Scham darüber waren überwältigend. Ich hatte als Mutter und als Mensch vollkommen versagt. Als ich jetzt mein Leben betrachtete, gab es nur eine Reaktion: Ich hasste das, was ich sah.

Mitten in all dem Elend und Chaos hatte ich einen klaren Moment. Endlich sah ich mein Leben so, wie es wirklich war. Und ich erkannte, dass es völlig außer Kontrolle geraten war. Damit ich alles wieder ins Lot bringen konnte, war mehr nötig, als einfach nur die Finger von den Drogen zu lassen.

Am Ende war es der Gefängnisseelsorger Gary, der mir weiterhalf. Er war jünger, als ich gedacht hatte, und er sprach sehr leise. Gary war realistisch, bodenständig und direkt, und ich hatte das Gefühl, dass er genau wusste, ob jemand im Gespräch mit ihm aufrichtig war oder nicht. Ich war so lange drogensüchtig gewesen, dass das Lügen für mich zur zweiten Natur geworden war. Als ich aber Gary meine Situation erklärte, wusste ich, dass ich absolut ehrlich sein musste. Nachdem ich fertig war, erzählte er mir von Jesus. Schließlich lud ich Jesus in mein Leben ein, und als ich danach wieder in meine Zelle zurückkehrte, war ich ein anderer Mensch. Ich war unendlich erleichtert und hatte das Gefühl, als wäre mir eine Zentnerlast genommen worden. Mir war vergeben. Ich mochte zwar immer noch eingesperrt sein, aber ich war endlich innerlich frei.

Ich fiel auf die Knie und schüttete Jesus mein Herz aus. In den darauffolgenden Tagen betete ich fast ununterbrochen. Immer wieder sagte ich Gott, wie sehr ich alles bereute. Ich sprach mit ihm über meine Schmerzen, meine Sorgen und meine Hoffnungen. Ich war mir sicher, dass er zuhörte und auf alle meine Gebete antworten würde. Zum ersten Mal in meinem Leben las ich in der Bibel, und währenddessen kam mir die winzige Zelle nur halb so klein vor.

Kurz darauf bat ich um ein weiteres Treffen mit dem Seelsorger. Ich erzählte ihm, wie ich jetzt mein Leben sah, dass ich mich ändern wolle, aber nicht wisse, wie ich das anstellen solle. Ich hatte so lange auf der Straße gelebt – gab es für mich wirklich Hoffnung auf ein anderes Leben, wenn ich wieder aus dem Gefängnis kam? Ich hatte schreckliche Angst vor der Zeit nach meiner Entlassung. Mein Leben hatte im Gefängnis neu begonnen, aber dieses neue Leben war immer noch zu zerbrechlich und empfindlich, um draußen bestehen zu können.

Dann gab es da noch ein Problem. Der Geburtstermin meines Babys stand unmittelbar bevor, und wenn es im Gefängnis zur Welt käme, würde es mir auf jeden Fall weggenommen werden. Ich steckte also richtig in der Klemme und brauchte Hilfe.

Gary erzählte mir, dass er einige Programme für Drogenabhängige leite und er glaubte, es sei sinnvoll für mich, an so einem Programm teilzunehmen. Ich hatte schon zuvor Entzugstherapien gemacht, sie aber allesamt abgebrochen. Doch dieses Mal würde es ja vielleicht anders werden. Wenn ich vor Gericht einen Antrag auf einen Platz in seinem Programm stellen würde, wollte Gary mich begleiten und sich für mich einsetzen.

Kurz vor dem Gerichtstermin hatte ich ungeheure Angst. Gary hatte mir gesagt, ich solle beten, und er las mir den Bibelvers vor, in dem es darum geht, dass die Vögel sich keine Sorgen darüber machen, was sie essen oder wo sie schlafen sollen. Das half mir sehr. Als ich aber dann vor der Richterin stand – mit der ich schon einmal zuvor im selben Gerichtssaal zu tun gehabt hatte –, spürte ich doch meine Angst. Ich wusste, dass sie mich nicht besonders mochte. Schließlich fragte sie mich, wieso ich jetzt die siebte Entzugstherapie machen wolle. Da konnte ich nur sehr stotternd erklären, was passiert war und warum ich unbedingt in eine Einrichtung kommen wollte, in der mir geholfen werden würde, mein Leben neu aufzubauen. Die Richterin schien von meinen Ausführungen nicht besonders beeindruckt, denn sie hielt die ganze Zeit den Blick auf ihren Richtertisch gesenkt. Dann war der Seelsorger mit seiner

Stellungnahme an der Reihe. Als die Richterin ihn fragte, wieso er glaube, dass ich auf Kosten der Steuerzahler noch eine weitere Entzugstherapie machen solle, stand Gary auf und sagte einfach nur vier Worte. Vier Worte, die ich seit einem Jahrzehnt nicht mehr über mich gehört hatte.

Er sagte: „Ich glaube an sie."

Ich konnte die Tränen nicht zurückhalten, auch nicht, als die Richterin mir einen Aufenthalt in einer geschlossenen Therapieeinrichtung genehmigte, in der schon am darauffolgenden Tag der nächste Abschnitt meines Heilungsprozesses begann.

Im Laufe der nächsten sechs Monate konnte ich förmlich zuschauen, wie mein Leben wieder in die richtigen Bahnen gelenkt wurde. Ich lernte, mich selbst zu kontrollieren in Situationen, die für mich als Süchtige gefährlich waren. Außerdem lernte ich, welche Faktoren das Verlangen nach Drogen bei mir auslösten und wie ich mich von den Auslösern fernhalten konnte. Mir wurde klar, dass zwar ziemlich viele der Fähigkeiten, die ich auf der Straße erworben hatte, dort hilfreich für mich gewesen waren, sie mir aber jetzt nichts mehr nützten und eher gefährlich für mich waren. Ich erlernte einen gesunden Umgang mit Konflikten, Stress und Ängsten. Die Therapie half mir, meine Prioritäten neu zu ordnen und mir Ziele für die Zukunft zu setzen. Meine neue persönliche Beziehung zu Jesus half mir bei alldem und gab mir die Kraft, mein Leben neu aufzubauen. Dank Jesus erlebte ich, wie meine Würde und mein Selbstvertrauen wie längst vergessene Freunde zurückkehrten.

Ich beendete das Programm und die Therapie im Herbst. Als die Blätter fielen und der Winter begann, wurde es in meinem Leben endlich wieder Frühling. Nach viel zu vielen Jahren, in denen ich in tiefem Schmerz und Selbstmitleid gelebt hatte, war ich jetzt bereit, wieder auf Menschen zuzugehen. Ich war so weit, meine Töchter wiederzusehen.

Der Augenblick des Wiedersehens mit meiner Familie war der schönste Moment, den ich jemals erlebt habe. Ich betrat den Raum, und alle weinten und begrüßten mich mit offenen Armen. Meine Töchter, die so lange ohne ihre Mutter hatten leben müssen, bekamen endlich die drogenfreie, nüchterne Mutter, die sie verdienten. Als ich sie das erste Mal seit Jahren wieder in die Arme schloss, versprach ich ihnen, sie nie wieder zu verlassen.

Ich konnte dieses Versprechen nur geben – und kann es bis heute nur halten – durch das, was Gott für mich getan hat. Ich kann es nur, weil ich frei bin. Und ich bin nur frei, weil ich eines Tages ins Gefängnis kam. Es gibt keinen Tag, an dem ich Gott nicht für die Ereignisse danke, die am 20. April ihren Anfang nahmen.

4
Der Tag, an dem kein Schnee fiel

SARAH FORBES

Es hieß, es werde ein gewaltiger Schneesturm werden. Die Moderatoren der Wettervorhersage schauten sehr ernst in die Kameras, als sie ankündigten, dass es am nächsten Tag starken Wind und extreme Sichtbehinderungen durch Schneefälle geben werde. Es wurden erhebliche Verkehrsbehinderungen vorhergesagt und – *bitte, Gott, bitte auch an meiner Schule* – dass der Schulunterricht ausfallen werde. Bis zum Ende des Tages hatte es sich dann herumgesprochen: Auch meine Schule sollte geschlossen bleiben. Meine Gebete waren also erhört worden, und als Schülerin der elften Klasse empfand ich nichts als ungetrübte Freude über einen schulfreien Tag.

Am nächsten Morgen wachte ich auf und rechnete damit, beim Blick aus meinem Fenster nichts als Schnee zu sehen, aber es war keiner da. Absolut nichts. Nicht das geringste bisschen. Die Aussicht war genau die gleiche wie am Morgen zuvor. Dasselbe Gras, dieselben Blumen, derselbe Bürgersteig.

Was dann folgte, war einmalig. Es blieb nämlich dabei, dass die Schule ausfiel, und so verbrachte ich den Tag mit meiner Mutter zu Hause. Es war eine ganz besonders schöne, glückliche Zeit miteinander. Wir lachten praktisch ununterbrochen, unterhielten uns über alle möglichen verrückten Sachen und waren einfach entspannt wie zwei Menschen, die sich in der Gesellschaft des anderen ganz und gar wohlfühlen.

So war es nicht immer gewesen, denn lange Zeit hatten meine Mutter und ich ständig gestritten. Alles Mögliche konnte zum Streit führen und tat es auch. Ich fand, dass meine Mutter viel zu oft nicht zu Hause war und fühlte mich unverstanden und nicht genügend beachtet. Sie war mir nicht sehr nahe und ich hatte den Eindruck, dass ihre Probleme immer viel größer waren und wichtiger genommen wurden als meine langweiligen Teenager-Alltagsprobleme. Meine Mutter war krank – eigentlich schon, seit ich denken konnte. Sie hatte ständig irgendwelche Infektionen und andere Beschwerden und musste sich einer Operation nach der anderen unterziehen. Sie hatte wirklich schon viel durchgemacht, aber an diesem einen Tag, als kein Schnee fiel, erlebte ich tief in meinem Herzen, wie sehr sie mich liebte. Und diesen einen Tag lang war ich in der Lage, mich ihr zu öffnen.

Der Tag ging vorüber, und am Abend fuhr ich zu meinem Schülerjob. Ich war froh, dass die Straßen frei waren, und noch viel froher, dass meine Mutter und ich eine so wunderschöne Zeit miteinander verbracht hatten. Als ich fünf Stunden später wieder nach Hause kam, war meine Mutter nicht da. Sie hatte sich nicht gut gefühlt und deshalb den Krankenwagen gerufen. Aus der Lungenentzündung, mit der sie schon seit Weihnachten zu kämpfen hatte, war eine Blutvergiftung geworden. Ich fuhr zu ihr ins Krankenhaus. Sie musste bereits künstlich beatmet werden. Eine Woche später starb sie.

An den sieben Jahren, die inzwischen seit dem Schneesturm vergangen sind, der keiner war, und an dem wunderschönen letzten gemeinsamen Tag, den meine Mutter und ich miteinander verbracht haben, erkenne ich, wie nah Gott in dieser ganzen Zeit bei mir gewesen ist. Scheinbar zufällige Begegnungen mit Menschen machen seine Botschaft an mich noch deutlicher: nämlich wie hingebungsvoll er mich liebt. Wenn ich jetzt zurückblicke, dann weiß ich ganz sicher, wie sehr sich meine Mutter für mich aufgeopfert und wie sehr sie mich geliebt hat. Dass ich zu der jungen Frau heranwuchs, die ich heute bin, verdanke ich ihrer Liebe und Hingabe. Ich kann ihr gar nicht genug danken für alles, was sie mir gegeben hat. Es ist ein echtes Wunder Gottes, dass ich diesen Tag ohne Schnee geschenkt bekommen habe. Dank dieses Tages konnte ich mein Leben ohne meine Mutter mit großer Dankbarkeit beginnen und in der Gewissheit, geliebt und wertgeschätzt zu werden.

5
Eine ungewöhnliche Begegnung

JULIE KERRIGAN

Es heißt, dass die Morgendämmerung erst nach dem finstersten Teil der Nacht anbrechen kann. Für mich fühlte es sich allerdings so an, als ginge die finstere Nacht gar nicht mehr zu Ende. Seit Jahren beteten mein Mann und ich, dass Gott uns noch ein Kind schenken möge. Es hatte Jahre gedauert, bis ich mit Gabrielle, unserem ersten Kind, schwanger geworden war, und es war extrem leidvoll, wegen vieler Fehlgeburten all den Schmerz und die Trauer erneut durchzumachen. Mein Mann und ich waren beide am Ende. Wir waren wütend und völlig mutlos.

Erstaunlicherweise war aber meine Wut auf Gott schneller wieder verraucht als die meines Mannes. Nachdem wir seit über vier Jahren versuchten, ein zweites Kind zu bekommen, war ich so weit, Gott um seine Hilfe zu bitten. Bei James war das anders. Er ist der Typ Mann, der jedes Problem, vor das er gestellt wird, allein lösen will; doch dieses Problem konnte er nicht lösen. Nachdem James jahrelang geglaubt hatte, dass Gott uns ein zweites Baby schenken würde, hatte meine erneute Fehlgeburt ihm den letzten Rest Hoffnung und Glauben geraubt. Er war wütend auf Gott und verbittert. Obwohl er weiter mit uns in die Gemeinde ging, hatte er das Gefühl, in seinem Schmerz festzustecken. Er bat Gott, ihm zu helfen, aber es kam ihm so vor, als würde Gott schweigen.

Ich wollte James unbedingt helfen, seinen Schmerz loszulassen und aus seiner Verbitterung herauszukommen und hatte auch schon einen Plan: ein Urlaub am Meer. Dabei konnte mein Mann die Schönheit von Gottes Schöpfung ganz tief in sich aufnehmen. James, Gabrielle und ich flogen also in jenem Sommer nach South

Carolina ans Meer. Unser Hotel lag direkt am Strand, und der Blick aus unserem Zimmer war einfach herrlich. Das Meer war absolut atemberaubend, und ich war sicher, dass dieser Urlaub der Beginn von James' innerer Heilung sein würde. Als wir gemeinsam am Strand standen, konnte ich aber keine Veränderung bei ihm feststellen. Er war emotionslos und unnahbar und von einer trüben Stimmung erfüllt, die er einfach nicht abschütteln konnte. Ich vermisste meinen Mann, ich sehnte mich nach dem Mann, der er in Gottes Augen war und den ich vor Jahren geheiratet hatte.

Nach mehreren Tagen am Meer beschlossen wir, einen Ausflug zu einem großen Zoo-Aquarium zu machen. Es war sehr voll dort, und die Attraktionen waren alle völlig überlaufen, aber es machte uns große Freude zu beobachten, mit welcher Begeisterung Gabrielle sich für alles interessierte. Ihr strahlendes Lächeln genügte, um auch uns zum Lächeln zu bringen, und als sie uns anbettelte, mit ihr in den Souvenirladen zu gehen, konnten wir es ihr beide nicht abschlagen. Eine Dreiviertelstunde später konnten wir das Geschäft endlich wieder verlassen, und Gabrielle strahlte vor Freude.

Als wir uns danach auf den Weg zur nächsten Attraktion machten, gingen wir an einer Frau vorbei, die sich an eine Mauer gelehnt hatte. „Du bist aber schön“, sagte sie zu Gabrielle.

Wir waren von ihrem Kompliment ein wenig überrumpelt, aber James forderte Gabrielle trotzdem auf, sich zu bedanken.

„Du hast mich nicht richtig verstanden“, sagte darauf die Frau. „Gott findet, dass du ein schönes Herz hast, und er hat etwas ganz Besonderes mit dir vor!“

Und dann sagte sie noch, wie lieb Gott Gabrielle habe. Zuerst wusste ich nicht so recht, was ich davon halten sollte und weshalb die Frau das gesagt hatte. Es schien so, als hätte sie uns ganz bewusst und gezielt ausgesucht. Aber warum? War sie verrückt? Wollte sie Geld? Ich beschloss, sie zu testen, schaute meine Tochter an und sagte: „Siehst du, Gabrielle, sie hat Jesus auch lieb!“ Als die

Frau daraufhin sagte, das stimme wirklich und sie glaube an Jesus, war ich sehr erleichtert.

Wir verabschiedeten uns und setzten unseren Weg durch das Zoo-Aquarium fort. Doch plötzlich blieb James stehen und sagte, er müsse noch einmal zurück zu der Frau und mit ihr reden – und schon war er verschwunden. Nie werde ich James' Blick vergessen, als er das sagte. Es war ein Blick, den ich schon so lange nicht mehr bei ihm gesehen hatte; kein verzweifelter, sondern ein hoffnungsvoller Blick. Während Gabrielle und ich unseren Weg durch den Zoo fortsetzten, fragte ich mich: *War diese Frau wohl Gottes Antwort auf unsere Gebete?*

Schon nach wenigen Minuten war James wieder bei uns. Ich merkte, dass er geweint hatte, und war darüber etwas schockiert, denn er hatte lange Zeit in einer Art emotionalem Vakuum gelebt – ohne Tränen und ohne echte Freude. Als er jetzt sprach, klang auch seine Stimme ganz anders. Sie war wieder lebendig, nicht mehr so teilnahmslos wie zuvor.

„Die Frau möchte für dich beten, und zwar jetzt gleich", sagte er ein wenig atemlos. „Komm, lass uns noch einmal zu ihr zurückgehen."

Seine Worte kamen gar nicht richtig bei mir an; mich interessierte viel mehr, was sich bei dem Treffen der beiden ereignet hatte. Was war dort gerade passiert? James berichtete, sie hätten gar nicht viel miteinander gesprochen. Dann erklärte er mir, als wir das erste Mal von ihr weggegangen seien, habe er einfach gewusst, dass er noch einmal umkehren müsse, auch wenn er nicht genau gewusst habe, wieso. Als er wieder bei ihr angekommen sei, habe er sich noch einmal bei ihr bedankt für das, was sie zu Gabrielle gesagt hatte, und ihr erzählt, dass wir gerade ein sehr schweres Jahr hinter uns hätten.

Daraufhin habe sie ihn bei den Händen genommen und einfach nur gesagt: „Ich weiß."

Bei dieser Berührung sei dann etwas Seltsames passiert. James sagte, er habe sofort gespürt, wie er tief berührt worden sei. Der Kummer in seinem Herzen sei aufgebrochen und er habe weinen müssen. Unter Tränen habe er versucht, wieder ruhiger zu atmen, aber es habe eine ganze Weile gedauert, bis er hatte sagen können: „Wir haben Babys verloren!" Und da habe die Frau ihm Mut gemacht, mich zu holen.

Ich bin damals nur deshalb noch einmal mit James zurückgegangen, weil ich ihm Mut machen wollte, und gar nicht so sehr, weil ich hoffte oder glaubte, die Frau würde irgendetwas mit mir machen. Ich war einfach dankbar dafür, dass bei James anscheinend etwas in seinem Herzen in Bewegung gekommen war. Als wir bei der Frau wieder ankamen, betete sie sofort für mich. Genau wie mein Mann musste ich weinen. Ich hatte meinen Schmerz so lange verborgen, aber in dem Augenblick war ich völlig machtlos dagegen. Jeder Schmerz, jede Enttäuschung in meinem Herzen kamen wieder hoch, und ich spürte alles gleichzeitig. Dann sank ich zitternd in die Arme der Frau.

Als sie ihr Gebet beendet hatte, sah sie mir direkt in die Augen. „Der Widersacher hat dir Dinge vorenthalten, aber das ist jetzt vorbei." Danach wandte sie sich James zu. Ihr Tonfall veränderte sich und sie klang richtig autoritär, als sie sagte: „So, Papa, du hast schon viel zu lange die Opferrolle eingenommen. Jesus ist gestorben und wiederauferstanden. Du musst dich in dieser Situation und in allem, was euch passiert ist, darauf berufen, was Jesus Unglaubliches erreicht hat." Während sie das sagte, ergriff sie James' Hand, und sofort begann er wieder zu weinen. Ich hielt meinen Mann ganz fest, als er sich an mich klammerte, und wir weinten beide.

Dann sprach die Frau über das, was wir an Schwerem durchgemacht hatten, als wäre sie die ganze Zeit dabei gewesen. Sie wusste von den Fehlgeburten, von unseren Plänen, ein Kind zu adoptieren und sogar von den persönlichsten Momenten unserer Trauer. Sie sagte, dass unsere Babys im Himmel seien, dass sie alle wunderschön seien und sich schon darauf freuen, uns kennenzulernen und dann für immer mit uns zusammen zu sein.

Anschließend legte sie ihre Hand auf meinen Bauch, sah mir in die Augen und sagte: „Ihr könnt euch weiter um eine Adoption bemühen, aber Gott hat etwas anderes mit euch vor. Du erwartest nämlich ein Kind." Diese Worte drangen gar nicht richtig zu mir durch. Ich hatte den Gedanken, selbst noch Kinder zu bekommen, schon vor Jahren aufgegeben, aber sie wiederholte die Worte immer wieder. „Du erwartest ein Kind." Doch es drang immer noch nicht richtig zu mir durch. Schließlich wendete sie sich an Gabrielle und sagte ihr, sie werde schon bald eine große Schwester sein.

Als wir uns zum Abschied umarmten, erzählte sie uns, sie habe gar nicht gewusst, weshalb Gott sie an diesem Tag in das Zoo-Aquarium geschickt habe, aber sie habe unbedingt den Zoo besuchen wollen. Als sie dann gesehen habe, wie schön Gabrielle war und wie kaputt James und ich aussahen, habe sie nur noch herausbekommen müssen, was Gott vorhatte.

Dann sah sie mich ein letztes Mal lächelnd an und sagte: „Ich werde dich eines Tages wiedersehen."

Wir trennten uns, ohne sie auch nur gefragt zu haben, wie sie hieß.

In den darauffolgenden Stunden und Tagen erzählte mir James, wie die trübe Stimmung, die ihn so lange im Griff gehabt hatte, ganz langsam wich. Er sehe jetzt alles sehr viel klarer als jemals zuvor, und dafür war ich unendlich dankbar. Gott hatte meine Gebete erhört.

Das sollte aber noch nicht alles sein. Gott hatte diese Frau nämlich nicht nur für James, sondern für uns beide geschickt. Ein paar Tage nach der Begegnung mit der Frau verstand ich endlich alles. Ich war schwanger.

6
Es gibt immer Hoffnung

TIFFANY MATTHEWS

Mein letztes Jahr auf der Highschool hatte gerade begonnen, und ich war mit dem Auto unterwegs zur Schule. Ich kann mich nicht mehr an alles genau erinnern, nur an den Regen, die Bremsen und dass ich von der Straße abkam und ein anderer Wagen seitlich in mein Auto hineinfuhr. Meine Mutter, die ein paar Minuten nach mir aus dem Haus gegangen war, reagierte völlig hysterisch beim Anblick meines völlig zerstörten Autos, das zudem noch entgegengesetzt zur Fahrtrichtung stand.

Sie war bereits vor Ankunft des Rettungswagens bei mir. Ihr war auch ohne Arzt klar, dass mein Zustand kritisch war. Mein schwarzer Toyota sah aus, als hätte ein wütender Riese ihn hochgehoben und wieder zu Boden geschleudert. Als man mich endlich mithilfe von schwerem Gerät aus dem Wrack befreit und ins Krankenhaus gebracht hatte, fiel ich ins Koma.

Direkt nach meiner Ankunft im Krankenhaus wurden alle möglichen Untersuchungen durchgeführt, von Ultraschall über Computertomografie bis zur Kernspintomografie, damit sich die Ärzte aus den gesammelten Ergebnissen ein Bild machen konnten, was mit mir los war. Die Diagnose lautete schließlich Schädelhirntrauma. Was das bedeutete? Es wies nicht nur ein kleiner Teil, sondern mein gesamtes Gehirn Quetschungen auf. Mein Zustand war wirklich kritisch.

Die Ärzte sagten meinen Eltern, dass über 90 Prozent aller Patienten mit einem Schädelhirntrauma nicht wieder aus dem Koma aufwachen. Falls ich zu den wenigen Glücklichen gehören sollte und wieder zu Bewusstsein käme, konnten die Ärzte nicht abschätzen, wie dann meine Lebensqualität aussähe. Im besten Fall würde ich in einem Pflegeheim leben und bei allen, auch den kleinsten Alltagsdingen, auf Hilfe angewiesen sein. Ich würde dahinvegetieren, und eines Tages würde dann dem bisschen Leben, das noch übrig wäre, höchstwahrscheinlich durch eine Infektion oder durch sonst eine Folge meines Zustandes ein Ende gesetzt.

Meinen Eltern war absolut bewusst, wie ernst meine Lage war. Wenn die Mediziner so wenig Hoffnung hatten, dann blieb meinen Eltern nur eine Option: noch stärker an dem Glauben festzuhalten, dass Gott mich heilen konnte. Sie hatten eine so schwierige und beängstigende Situation noch nie erlebt und mussten sich und andere nun daran erinnern, dass Gott alles in seiner Hand hielt. Sie konnten nichts tun, außer zu beten.

Auf Facebook wurden die Leute aufgerufen, für mich zu beten. Darüber hinaus wurden T-Shirts bedruckt, um meine Geschichte bekannt zu machen. Es wurden Tausende von Gebeten an Gott gerichtet, wodurch eine richtige Glaubenswelle in Gang kam. Und dann, am achten Tag nach dem Unfall, wachte ich auf.

An diesen Tag kann ich mich nicht mehr erinnern. Es war, als ob in meinem Gehirn alles gelöscht worden wäre. Die ersten Erinnerungen meines neuen Lebens stammten aus dem Rehazentrum, aber auch diese Erinnerungen sind nur schemenhaft und vage. Ich habe dort viel geweint, und es gab nette Schwestern und Therapeuten, aber an viel mehr kann ich mich nicht erinnern. In den ersten sechs Wochen nach dem Unfall sprach ich kein einziges Wort. Ich war in meinem Schweigen gefangen.

Der Weg war lang, bis ich wieder ganz gesund war; ich musste ganz neu gehen, sprechen und essen lernen und auch, wie man sich selbst versorgt. Ich war Oberstufenschülerin der Highschool gewesen und hatte kurz vor dem Schulabschluss gestanden, als ich das Bewusstsein verlor, und war wie ein hilfloses Baby wieder aufgewacht. Doch mit den unterschiedlichsten Therapien, unter anderem Logopädie, Physiotherapie und Ergotherapie, kam alles wieder. Und deshalb wurde ich am 22. Dezember 2011, einundsiebzig Tage nach dem Unfall, aus der Rehaklinik entlassen.

In den Tagen vor meiner Entlassung gab das Klinikpersonal wirklich alles, um mich auf meine Rückkehr nach Hause und meinen Alltag dort vorzubereiten – besonders auf den Schulalltag. Es hieß, die Schule werde jetzt ganz anders sein, und die verhaltene Art und die besorgten Blicke der Ärzte und Therapeuten bei diesem Thema verdeutlichten die Zweifel, die sie hatten, dass ich die Schule schaffen würde. Sie räumten zwar ein, dass der Genesungsprozess erstaunlich schnell verlaufen sei, aber ich müsse realistisch bleiben, meine Grenzen akzeptieren und damit leben.

In gewisser Weise habe ich wohl auf sie gehört, denn ich war realistisch und rechnete damit, dass es Grenzen gab – allerdings nur die Grenzen, die Gott setzte. Er hatte mich so weit gebracht, und ich war fest davon überzeugt, dass all das einen Sinn hatte. Deshalb glaubte ich nicht, dass er mich jetzt fallen lassen würde.

Vielleicht war ich auch daher nicht so überrascht wie viele andere, dass ich sechs Monate nach meiner Entlassung aus dem Krankenhaus mein Abschlusszeugnis entgegennehmen konnte. Der Unfall hatte mich zwar schulisch weit zurückgeworfen, aber mit Gottes Hilfe hatte ich es trotzdem geschafft. Im darauffolgenden August begann ich mein Studium, und zwar ohne weitere Verzögerungen. Ich schaffte es in diesem Jahr sogar als eine der Jahrgangsbesten.

Ich schreibe diese Zeilen am Ende meines zweiten Semesters, und ich weiß schon jetzt, inwiefern mein Unfall und die wundersame Heilung mich verändert haben. Da ich so viel Zeit in der Physiotherapie verbracht habe, weiß ich, wie es ist, gegen Entmutigung und Angst anzukämpfen. Deshalb habe ich meine Berufswahl noch einmal geändert: Ich möchte nicht mehr Krankenschwester, sondern Physiotherapeutin werden, um Menschen in der gleichen Situation, wie ich war, gezielt helfen zu können.

Doch das ist noch nicht alles. Durch den Unfall habe ich nämlich das Allerwichtigste gelernt: wie wichtig es ist, die lebensverändernde Wahrheit zu kennen, dass Gott lebt! Ich habe gelernt, meine kostbare Zeit hier auf der Erde nicht als selbstverständlich zu betrachten. Bin ich bereit, die Verantwortung für das zu übernehmen, was ich hier auf der Erde tue? Setze ich meinen „Senfkornglauben" ein, um meinem Gott zu dienen? Weise ich mit meinem Leben darauf hin, wie wunderbar Gott ist?

An dieser Stelle fangen all unsere Geschichten an – an der Stelle, wo wir vor Gott eingestehen, dass wir es nicht allein schaffen und uns ganz auf ihn einlassen, wo wir uns von ihm helfen lassen und uns dafür entscheiden, mit aller Leidenschaft, allem Mut und allem Glauben, den wir aufbringen können, zu leben.

Da fängt das Leben an – selbst wenn wir schon den Tod vor Augen haben.

7
Eine Botschaft aus dem Himmel

DEBRA SMITH

Ich konnte mich nicht erinnern, dass der Geburtstag meines Vaters jemals auf den Thanksgiving-Tag[2] gefallen war, und ich sah dem Feiertag fünf Monate nach seinem Tod mit sehr gemischten Gefühlen entgegen.

Ich hatte mit unterschiedlichen Beschäftigungen versucht, mich abzulenken, aber nichts half; ich war trotzdem traurig, weil ich meinen Vater immer noch genauso lieb hatte wie zu seinen Lebzeiten. Ich liebte ihn, und er fehlte mir. Ich vermisste sein Lächeln, seinen Humor, sein Lachen, seine Umarmungen, seine Kameradschaft, und am allermeisten vermisste ich seine Liebe zu mir.

Diese tiefe, starke Trauer hielt viele Wochen an. Ich war es leid, die ganze Zeit so traurig zu sein, aber nichts half, diese Trauer loszuwerden – nicht einmal, ununterbrochen beschäftigt zu sein. Ich hatte der Trauer die Tür geöffnet und jetzt weigerte sie sich, wieder zu gehen.

In dieser schweren Zeit lag ich eines Abends zusammen mit meiner Tochter Sarah auf meinem Bett, bevor es Schlafenszeit für sie war. Ich wollte ihr nur noch etwas aus einem Buch vorlesen, das ich beim Ordnen der Sachen meiner Eltern gefunden hatte. Es war ein altes Buch, aus dem mir meine Mutter als Kind immer vorgelesen hatte – *Die kleine blaue Lokomotive* von Watty Piper. Darin wird die Geschichte einer kleinen, schwachen Lokomotive erzählt, die den Hohn und Spott der großen, starken Lokomotiven überwindet. In

2 Thanksgiving (Familienfest ähnlich dem europäischen „Erntedankfest") ist ein gesetzlicher Feiertag in den USA, der jedes Jahr am vierten Donnerstag im November in vielen Familien gefeiert wird.

der Geschichte geht es um Durchhaltevermögen, positives Denken und Vertrauen. Ich hatte das Buch beim Aufräumen gefunden und mich wieder daran erinnert, wie glücklich ich als Kind immer gewesen war, wenn meine Mutter es meinem Bruder und mir vorgelesen hatte, während wir uns im Bett an sie gekuschelt hatten. Als ich mit dem Buch in der Hand und Sarah neben mir auf meinem Bett lag, fühlte es sich richtig gut an, die damalige so glückliche Situation noch einmal zu erleben.

Bevor ich fortfahre, muss ich noch etwas über meinen Vater sagen. Er hatte seine ganz eigene charakteristische Art, Karten und Zettel mit Notizen oder Nachrichten mit seinem Namen zu unterschreiben. Das Besondere daran war nicht eine außergewöhnlich schöne oder kunstvolle Handschrift, sondern die Worte, die er verwendete. Wenn er Karten oder Zettel für Menschen geschrieben hatte, die er liebte, dann unterschrieb er immer mit den Worten: „In Liebe, der Ich". Und „der Ich" war er selbst. Ich weiß auch nicht, warum er das tat; so war er einfach. Es war eines der vielen kleinen Dinge, die ihn so großartig machten, ein weiteres Beispiel für seinen ganz eigenen, persönlichen Stil.

Sarah und ich lagen also auf meinem Bett, lasen in dem Buch und kamen irgendwann zur Mitte der Geschichte, wo die kleine Lokomotive schrecklich niedergeschlagen ist und sich übersehen und übergangen fühlt. Als ich umblätterte, sah ich staunend, wie ein kleines schäbiges Stück Papier aus dem Buch heraussegelte und sanft auf meiner Brust landete. Zunächst war ich einfach neugierig, aber schon bald wich die Neugier einem Gefühl absoluter Verblüffung – ich war schlicht überwältigt. Ich nahm das Stück Papier in die Hand und saugte die vier Worte auf dem Zettel förmlich auf, ich ließ sie ganz tief in mein erschöpftes Herz fließen.

In Liebe, der Ich.

Es war ganz schlicht und einfach, kurz und bündig, innig und ergreifend. Es war alles, was ich brauchte.

Natürlich könnte ich das rein verstandesmäßig erklären, aber das wäre so, als würde man versuchen, einen Kuss mithilfe von Winkelberechnungen zu erklären. Ich ließ den Zettel mein Herz so berühren, wie er mir auf die Brust geschwebt war – unerwartet, von Herzen, ganz offen. Als ich am dringendsten die Gewissheit brauchte, dass mein Vater mich geliebt hatte, bekam ich diese Gewissheit geschenkt. In dem Augenblick wusste ich mit einer Sicherheit, die größer war als meine Trauer, dass mein himmlischer Vater mich liebte, und zwar genau so sehr, wie ich von meinem irdischen Vater wusste, dass er mich liebte. Dadurch änderte sich alles.

Vielleicht ist es keine große Theologie, aber ich glaube, dass man die ganze Bibel mit den vier kleinen Worten meines Vaters zusammenfassen kann: *In Liebe, der Ich.*

8
Ein von Gott geschenktes Koma

DAVID SPENCER

Leute, die high werden wollen, wissen, auf welchen Raum sie bei einer Party besonders achten müssen. Nicht auf den, in dem die Musik spielt und getanzt wird, auch nicht auf den Raum mit dem Büffet, sondern auf den mit dem hellen Licht und der verschließbaren Tür.

Mein Blick war also auf das Bad gerichtet. Ich muss damals etwa zwanzig Jahre alt gewesen sein, und ich nahm schon lange genug Drogen, um von der Anzahl der Leute, die in das Bad gingen und wieder herauskamen, darauf schließen zu können, dass es dort hinter der Tür guten Stoff gab. Also wartete ich, bis ich an der Reihe war, damit ich ebenfalls ein bisschen Spaß haben konnte.

Meine Drogengeschichte begann, als ich vierzehn war. In der elften Klasse fing ich an, Marihuana zu rauchen und Pillen einzuwerfen. Ich experimentierte mit weichen Drogen herum, nahm aber nie *harte* Drogen. Mit zwanzig konsumierte ich dann auch Koks. Während der Oberstufe und auch während des Studiums war mein Drogenkonsum eigentlich nie zum Problem geworden. Für mich war es eher wie eine Freizeitbeschäftigung am Wochenende. Ich nahm Drogen, aber ich war nicht richtig abhängig.

Das änderte sich jedoch in dem Moment, als ich beschloss, dieses Bad zu betreten und zu schauen, was dort los war. Ich ging hinein, nickte dem Typen mit dem Strohhalm zu und zog eine Line. Ich dachte, der Stoff wäre Koks, aber ich hatte mich geirrt. Sechs Stunden später war ich immer noch high, und zwar so richtig. Das war kein Koks gewesen, sondern Crystal Meth – Methamphetamin in Pulverform.

Und so begann meine Sucht, obwohl ich es am Anfang nicht wahrhaben wollte. Ich war in einem christlichen Elternhaus aufgewachsen, hatte mein Leben lang eine christliche Gemeinde besucht und mich dort engagiert. Gleichzeitig feierte ich gerne … und zwar richtig heftig. In den ersten Monaten nach meinem ersten Crystal-Meth-Konsum hielt ich mich immer noch für einen Wochenendkonsumenten. Freitagabends fing ich an und am Sonntagmorgen ließ die Wirkung nach, sodass ich am nächsten Tag wieder arbeiten konnte. Es war jedoch nur eine Frage der Zeit, bis der Drogenkonsum außer Kontrolle geriet. Eines Tages brach ich meine Nur-am-Wochenende-Regel und konsumierte mitten in der Woche Crystal Meth.

Zwei Jahre lang lebte ich in dieser Abwärtsspirale und ließ zu, dass mich meine Crystal-Meth-Sucht in das finstere Leben der Unterwelt hineinzog. Ich wurde durch Messerstiche verletzt, ich wurde angeschossen, mir wurden alle Zähne im Oberkiefer ausgeschlagen, und ich wurde Schuldeneintreiber für einige meiner Drogendealer. Es war mir egal, was mit mir passierte, und es war mir auch egal, was ich anderen antat. Ich war ein richtig guter Schuldeneintreiber.

Es waren auch nicht nur Fremde, denen ich wehtat. Während dieser Zeit bestahl ich meine Gemeinde, meine Familie und jeden, der mir genug vertraute, um mich auch nur fünf Minuten allein zu lassen. Ich war absolut süchtig und widmete jeden Moment meines Lebens nur einem Ziel: der Beschaffung von Drogen.

Neben den Hochs gab es auch Tiefs. Nach einem viertägigen Drogenrausch wachte ich irgendwann auf und wäre am liebsten gestorben. Ich war nur noch ein Schatten meiner selbst.

Aber zum Glück hatte Gott mich noch nicht aufgegeben. Er wendete ein paar Tricks an, um mich aufzuwecken; diesen Weckruf hatte ich offenbar dringend nötig. Als Erste merkten meine Eltern, dass ich Drogen nahm. Obwohl ich damals noch bei ihnen wohnte, war es mir gelungen, das volle Ausmaß meiner Sucht vor ihnen zu verbergen. Als sie die ganze Wahrheit über mich herausgefunden hatten – dass ich Crystal Meth konsumierte, dass ich kriminell geworden war und wie tief ich gesunken war –, sagten sie mir, dass es jetzt reiche und ich ausziehen solle.

Das war ein schwerer Schlag für mich. Es tat richtig weh von den einzigen beiden Menschen, die mich bedingungslos liebten, gesagt zu bekommen, dass sie mich nicht mehr in ihrer Nähe haben wollten.

Kurz darauf wurde ich ziemlich krank. Ich war so stark ausgetrocknet, dass ich zwei Tage im Krankenhaus bleiben musste. Das war die Unterbrechung meines Drogenkonsums, die ich brauchte, obwohl ich das Krankenhaus mit der festen Absicht verließ, mir so schnell wie möglich wieder Drogen zu beschaffen. Ich ging zu dem Ort, von dem ich wusste, dass es dort Crystal Meth gab. Damit wollte ich mir die Flucht vor der Realität ermöglichen, nach der mein Körper verlangte.

Als ich mich in diesem Haus aufhielt, schaute ich mich um und beobachtete all die anwesenden Leute, die aussahen, als würde der Tod sie von innen auffressen. Und in dem Moment wurde mir endlich klar, dass ich nicht so werden wollte wie sie. Ich wollte mehr vom Leben.

Niemand bekam mit, dass ich einfach ging. Ich schaffte es bis zurück in mein Zimmer im Haus meiner Eltern, fiel dort auf die Knie und flehte Jesus an, mich von all dem zu befreien. Ich weiß nicht, ob es eine Halluzination aufgrund von Schlafmangel war oder ob ich wirklich Gottes Stimme hörte, aber plötzlich war ich mir sicher, dass Gott mich erhört hatte. Er würde mich aus diesem Chaos herausholen. Und so seltsam es vielleicht klingt: Ich wusste, dass es nicht länger als eine Woche dauern würde.

Ich bat meine Eltern, mich noch eine Weile bei sich wohnen zu lassen, und versprach ihnen, dass sich nach einer Woche etwas geändert haben würde, weil Gott mir helfen würde. Sie erklärten sich einverstanden. In der darauffolgenden Woche schlief ich, aß etwas und schlief dann weiter. Diese Zeit bezeichne ich als ein von Gott geschenktes Koma.

Das ist jetzt zehn Jahre her, und während ich diese Worte schreibe, bin ich immer noch clean. Ich habe seitdem keine Drogen mehr angerührt, und ich weiß jetzt, dass das Einzige, für das es sich zu leben lohnt, Jesus ist. Ich habe eine fantastische Frau, einen großartigen Sohn und arbeite in der Drogenarbeit meiner Gemeinde mit. Wir helfen süchtigen Menschen, Betreuer zu finden, die sich um sie kümmern und denen gegenüber sie sich für ihr Handeln rechtfertigen müssen. Bei Gott ist wirklich nichts unmöglich.

9
Wer hätte das gedacht?!

LAURI KHODABANDEHLOO

„Was machen wir heute, Mama?"

Das war eine gute Frage, die ich mir auch bereits stellte, seit ich wach war. Als ich in der Stille des Samstagmorgens in meinem Bett lag, fragte ich mich, wie meine Tochter und ich den vor uns liegenden Tag verbringen sollten. Eines war jedenfalls sicher: Nichtstun war keine Option.

Fiona ist die jüngste meiner vier Töchter, und seit ihrer Geburt hatte ich mich daran gewöhnt, dass mein Leben unruhiger war als zuvor. Sie ist ein Schatz von einer Tochter, und sie hat leuchtend blaue Augen, die seit dem Augenblick ihrer Geburt funkeln. Aber sie war auch von Anfang an anders als ihre Schwestern, sodass es schien, als käme sie aus einer anderen Welt.

Wie wohl jede Mutter wusste auch ich, dass ich mich auf mein Gefühl verlassen konnte, und ich merkte schnell, dass es ganz und gar anders war, sie auf dem Arm zu halten, als es bei ihren Schwestern gewesen war. Ich recherchierte deshalb schon bald nach Fionas Geburt in der Stadtbibliothek über Entwicklungsstörungen und Behinderungen bei Kindern. Fiona war zu diesem Zeitpunkt erst ein paar Wochen alt, aber ich hatte bereits mehr in Erfahrung gebracht als mir lieb war. Schon Jahre bevor Ärzte bei meinem Kind klassischen Autismus diagnostizierten, wusste ich Bescheid.

Nun stand sie also vor mir mit ihren goldbraunen Locken und wollte von mir eine Antwort auf das Rätsel dieses vor uns liegenden Tages. Ich saß im Bademantel am Küchentresen, hielt meinen Kaffeebecher in beiden Händen und schaute ihr in diese wunderschönen, geheimnisvollen Augen. Ja, was würden wir heute machen?

Mit Fiona liefen alle Aktivitäten jedes Tages in einem halsbrecherischen Tempo ab. Schon am frühen Morgen rannte sie herum und hörte damit nicht auf, bis pure Erschöpfung sie am Abend dazu zwang, ins Bett zu fallen. Meine Herausforderung an diesem Samstag bestand also darin, eine passende Aktivität zu finden, auch wenn die Auswahl nicht übermäßig groß war.

Doch das hatte noch Zeit – ein bisschen jedenfalls. Erst einmal wollte ich ihre Frage mit einer Umarmung beantworten.

„Guten Morgen, mein Schatz!“, sagte ich lächelnd zu ihr und schloss sie in die Arme – nicht zu fest und nicht zu lange, sondern genau richtig dosiert. Bei Fiona dauerten Umarmungen nie lange, es sei denn, sie gingen von ihr aus, und in den seltenen Fällen, in denen sie mich umarmte, freute ich mich noch stundenlang darüber. Ihre Schwestern waren alle verschmust gewesen und hatten gern gekuschelt, aber Fiona war anders. Wenn sie ihre Zuneigung körperlich zeigte, dann war das etwas unglaublich Kostbares, was ich sehr zu schätzen wusste.

Der besagte Tag war einer dieser typischen windigen Oktobertage, an denen es ein bisschen Sonne, ein paar Wolken und ab und zu einen Regenschauer gibt. Fahrrad fahren kam an diesem Tag nicht infrage – aber nicht, weil Fiona es nicht mochte, sondern weil ich an solchen Tagen nicht fahren konnte. Ich radelte inzwischen nämlich mehr als früher lieber bei gutem Wetter, und durch das künstliche Hüftgelenk, das ich vor einiger Zeit bekommen hatte, war meine Beweglichkeit etwas eingeschränkt. Auch im Haus zu bleiben und unserer Fantasie bei einem Bastelprojekt Flügel zu verleihen, kam nicht infrage. Fiona musste nämlich in Bewegung sein – wenn möglich fliegen –, und zwar von morgens bis abends.

Weil meine anderen Töchter alle schon verheiratet waren und eigene Familien hatten, stellte sich an den Wochenenden oft die Frage nach passenden Aktivitäten. An diesem Tag fühlte es sich wie der richtige Plan an, keinen Plan zu haben.

„Komm, wir ziehen uns erst mal an und machen eine kleine Tour mit dem Auto. Vielleicht fällt mir dabei ja etwas ein, das wir schon lange nicht mehr gemacht haben, ja?“

Fiona schlüpfte wie der Blitz in Jeans und Sweatshirt, zog in rasender Eile Schuhe an und war in null Komma nichts startklar. Als wir in Richtung Stadtzentrum fuhren, mussten wir an einer roten Ampel vor der Eislaufhalle halten. Ich war schon lange nicht mehr in dieser Gegend der Stadt gewesen und deshalb fast ein bisschen überrascht, als ich die Eislaufhalle dort sah. Ich hatte ganz vergessen, dass es so etwas in der Stadt gab.

Als wir vor der roten Ampel warteten, sagte ich zu meiner Tochter: „Hey Fiona, guck doch mal, da ist die Eislaufhalle! Hast du Lust, den Schlittschuhläufern ein bisschen zuzuschauen?“

Weil meine Tochter kein Mensch großer Worte ist, lächelte sie mich einfach nur an. Und das genügte als Antwort völlig.

Im Innern der Eislaufhalle war es durch den Hall der lauten Musik und durch die vielen Menschen, die vor uns immer im Kreis liefen, sehr laut und unruhig. Daher war ich mir ziemlich sicher, dass es ein sehr kurzer Besuch werden würde. Aber als ich Fiona anschaute, leuchtete ihr Gesicht vor Aufregung und Begeisterung, und ich fragte mich: *Ob Fiona es wohl gern selbst einmal versuchen würde?*

Also fragte ich sie ganz nebenbei: „Möchtest du es auch mal probieren, mein Schatz?“ Ich konnte selbst kaum glauben, dass ich sie das tatsächlich fragte. Fiona nickte eifrig, nahm mich bei der Hand und zog mich energisch zur Kasse. Sie musste alleine und ohne meine Unterstützung laufen, weil ich mit meiner Hüfte nicht Schlittschuh laufen konnte, aber die Aufsichtsperson versicherte mir, dass auch noch jüngere Kinder als Fiona schon beim ersten Mal allein liefen.

„Außerdem haben wir Aufsichtspersonen auf der Bahn, die helfen und eingreifen, wenn es nötig ist“, sagte die Frau. „Und ich zeige ihr, wie sie sich abrollen muss, wenn sie fällt. Sie schafft das schon."

Als ich Fiona die Treppe hinunter bis an den Rand der Eisbahn gebracht hatte – sie ging mit staksigen Schritten wie ein junges Rehkitz, und ich schickte stumme Gebete gen Himmel, dass Gott sie beschützen möge –, ließ ich sie los. Im selben Moment, in dem die Kufen ihrer Schlittschuhe das Eis berührten, war sie schon auf und davon, und zwar ohne sich noch einmal umzudrehen. Sie ignorierte meinen Rat, sich erst einmal an der Bande festzuhalten und auf andere Läufer zu achten. Fiona war auf und davon, und ich konnte nur noch zuschauen.

Dann musste ich einer Gruppe anderer Schlittschuhläufer Platz machen, die aufs Eis wollten, und ging nach oben auf die Tribüne in den Zuschauerbereich. Als ich dort oben auf einer Holzbank hinter einer Plexiglasscheibe saß, sah ich es.

Schon nach ein paar Minuten reihte sich Fiona in den Strom der Läufer ein, die auf der Bahn ihre Runden drehten. Manche waren groß, andere klein, aber das Alter hatte offenbar nichts damit zu tun, ob sie eher wackelig liefen oder leicht dahinglitten, ob sie eher holprige Schritte machten oder auf dem Eis dahinsegelten. Dort war eine andere Art von Schwerkraft am Werke, und als Fiona die Bahn einmal vollständig umrundet hatte, nahm sie Tempo auf und lief zur Mitte der riesigen Bahn, wo die fortgeschritteneren Läufer und Läuferinnen Sprünge, Drehungen und Pirouetten übten.

Was ich dort sah, verschlug mir wirklich den Atem. Eine Frau hinter mir beugte sich zu mir vor und fragte mich, ob das Mädchen mit dem langen offenen Haar meine Tochter sei und wie lange sie schon laufe, um so gut zu sein.

Weil mir die Tränen liefen, konnte ich erst nicht antworten, aber irgendwann sagte ich dann: „Sie läuft heute zum ersten Mal."

Je länger ich zuschaute, desto mehr spürte ich, dass da etwas war, etwas Geheimnisvolles, aber auch Greifbares. Ich hatte es erst gar nicht gespürt, als ich mich auf die Tribüne gesetzt hatte. Dieses Gefühl blieb, es wurde stärker und nahm Gestalt an, bis ich wusste, was es war: ein überwältigender Friede, der mein Herz und meine Seele mit der Gewissheit erfüllte, dass auch Gott das hier sah, dass er zuschaute und mein Kind – und seines – beschützte.

Von dem Tag an gehörte Fiona praktisch zum festen Inventar auf der Eisbahn. Sie nahm an Wettkämpfen teil, machte bei Aufführungen mit und gewann Freunde, die wir nie vergessen werden. Aus der spontanen, waghalsigen Aktion am Samstagmorgen entwickelten sich viel Glück und Hoffnung.

Dieses beinah greifbare Gefühl, dass Gott auf der Tribüne neben mir stand und auf seine Tochter aufpasste, ist nie wieder weggegangen. Egal, wie anstrengend und mit wie vielen Hochs und Tiefs unser Leben ausgestattet ist – ich weiß heute wie damals, dass wir nie allein unterwegs sind. Gott ist bis zum Ende des Weges bei uns.

10
Überrascht von Hoffnung

AMY WARD

„Heute wärest du ein halbes Jahr alt geworden, kleiner Mann …“

Ich sitze in meinem Wohnzimmer auf dem Fußboden und schaue mir die Babysachen an, die nie getragen wurden, und rede in Gedanken mit dem Sohn, den ich nie im Arm gehalten habe. Er ist vor fast einem Jahr in meinem Bauch gestorben, aber es hat bis jetzt gedauert, dass ich mich von seinen Babysachen trennen kann.

Zuerst wollte ich die Sachen, die wir gekauft hatten, gar nicht wegräumen. Ich hatte jedes einzelne Stück davon mit so viel Vorfreude und Hoffnung ausgesucht, dass ich die Sachen einfach behalten musste, damit ich mich an etwas festhalten konnte. Damals hatte ich unbedingt ein bisschen Hoffnung gebraucht. Aber mit der Zeit konnte ich immer besser loslassen und war nun bereit, mich von den Babysachen zu trennen. Erst räumte ich sie im Schrank weiter nach hinten, später verstaute ich sie bei meiner Mutter in der Garage. Ganz langsam nahm ich Abschied.

Jetzt, wo ich inmitten der ungetragenen Babysachen und den durchsichtigen Aufbewahrungsboxen sitze, ist mir klar, dass es unsinnig ist, sie zu behalten. Absolut unsinnig. Außerdem ist das nicht die erste komplette Garderobe eines Menschen, die in diesem Jahr das Haus verlassen hat. Vielleicht gewöhne ich mich ja daran.

Und ich habe jetzt auch nicht nur das Gefühl, dass ich diese ungetragenen Sachen endlich loslassen kann, sondern mir ist klar geworden, dass die Sachen auch einem guten Zweck dienen können – eher jedenfalls, als wenn sie hier in Kisten herumstehen. Als meine Mutter – die im Jugendamt bei der Familienhilfe arbeitet – mich anrief und erzählte, sie kenne eine Frau, die sich um ihren sechs

Monate alten Enkel kümmere, da gefiel mir der Gedanke, die Babysachen an sie weiterzugeben. Wenn sie schon nicht von meinem Sohn getragen werden konnten, dann sollte wenigstens ein anderes Kind etwas davon haben.

Der Verlust meines Sohnes ist nicht der einzige Schmerz, mit dem ich fertigwerden musste. Ich habe mich daran gewöhnt, mit Schmerzen zu leben, und zwar im wahrsten Sinne des Wortes. Seit meinem zweiundzwanzigsten Lebensjahr leide ich nämlich an Gelenkrheumatismus. Die Krankheit begann einen Monat nach der Geburt meiner Tochter. Als ich mich allerdings einer Fruchtbarkeitsbehandlung unterzog, um unserer großartigen achtjährigen Tochter ein Geschwisterchen zu schenken, musste ich die Rheumamedikamente absetzen, damit die anderen Medikamente wirken konnten. Dadurch hatte ich wieder ständig starke Schmerzen und war auf Hilfe angewiesen. Ich konnte mich kaum selbst versorgen, geschweige denn mich auch noch um meine Tochter und meinen Mann kümmern. Bei den einfachsten alltäglichen Dingen brauchte ich Hilfe, vom Anziehen bis hin zum Frisieren.

Für eine unabhängige Persönlichkeit wie mich war das die schwierigste Zeit, die ich jemals erlebt habe. Aber diese Zeit nahm ich in Kauf, wenn wir dadurch die Chance auf ein zweites Kind hatten; dafür war mir kein Opfer zu groß.

Eine Woche nachdem ich mein Baby verloren hatte, sagte mir mein Mann, dass er eine andere Frau kennengelernt habe und die Scheidung wolle.

Das war der schlimmste Schmerz in meinem Leben. Zwischen dem Zeitpunkt, als ich das Baby verlor, und der Scheidung gab es Zeiten, in denen ich das Gefühl hatte, meine Welt zerbröselte einfach und löste sich auf. Obwohl ich so viel verloren hatte – meine Schwangerschaft, mein Kind, meinen Status als Ehefrau –, empfand ich inneren Frieden. Ich hatte das Gefühl, dass Gott bei mir war und meine Schritte lenkte.

Jetzt sitze ich also hier und bereite mich innerlich darauf vor, die ungetragenen Babysachen meines Sohnes wegzugeben. Und trotz allem, was passiert ist, empfinde ich Frieden. Wirklich!

Das ist jetzt zwei Jahre her. Ich war bereit für einen sauberen, klaren Schnitt und einen Neubeginn – was natürlich nicht bedeutete, die Vergangenheit einfach zu vergessen und mit meiner Tochter zusammen weiterzumachen, als ob nichts gewesen wäre. Zu einem solchen klaren Schnitt war ich nicht nur bereit, sondern ich tat ihn dann auch. Ich erfuhr, dass ich keine Kinder mehr bekommen kann, und mir wurde die Gebärmutter operativ entfernt. Das war schlimm, aber nicht so schlimm, dass es mir den Boden unter den Füßen wegzog. Ich wusste, dass ich immer noch ein Vorbild in Glaubensdingen für junge Menschen in meinem Leben sein und ihnen wie eine Mutter helfen konnte. Außerdem hatte ich das Gefühl, dass es vielleicht „mein Ding" sein könnte, Pflegekinder zu versorgen. Ich wollte Kindern eine sichere und liebevolle Umgebung bieten, und wenn es nur für eine Nacht war. Außerdem wollte ich die Familien dieser Kinder betreuen und ihnen helfen, sich besser um die Kleinen zu kümmern, die in meiner Obhut waren.

So beendete ich vor etwa über einem Jahr meine Ausbildung als Pflegemutter, und ein paar Monate später bekam ich tatsächlich einen Anruf vom Jugendamt. Man sagte mir, es gebe einen einundzwanzig Monate alten Jungen und ein fünf Monate altes Mädchen, die gerade in die Obhut des Jugendamtes gekommen seien – ob ich die Kinder nehmen könne, auch wenn es vielleicht nur für kurze Zeit sei. In dem Moment war das alte Gefühl wieder da, dass Gott handelte. Als ich mich auf den Weg machte, um die beiden Kinder abzuholen, hüpfte mein Herz vor Freude.

Schon bevor ich die beiden gesehen hatte, wusste ich mit absoluter Sicherheit, dass Gott ihre und meine Geschichte miteinander verwoben hatte.

Der kleine Junge saß im Büro der Sozialarbeiterin auf dem Boden und spielte mit Autos und Bauklötzen. Er sah ungepflegt aus, hatte schmutzig blondes, völlig verfilztes Haar und trug ein langärmeliges, geringeltes Poloshirt, eine blaue Hose und schwarze Turnschuhe. Er hatte die schönsten Augen, die ich je gesehen habe – eine Mischung aus Grün und Haselnussbraun –, aber sein Blick war viel zu traurig und zu abgestumpft für ein Kind in seinem Alter.

Das kleine Mädchen – das kahlköpfigste Baby, das ich je gesehen habe, mit verblüffender Ähnlichkeit mit mir selbst als Baby – schlief auf dem Arm der Sozialarbeiterin. Sie war unglaublich süß, und ich schloss sie vom ersten Moment an ins Herz.

Mir war ganz schwindelig vor Aufregung über diesen Moment, in dem ich Gottes Anwesenheit ganz deutlich spürte. Ich wollte die Neuigkeiten unbedingt sofort meiner Mutter erzählen, die zu dem Zeitpunkt immer noch in derselben Abteilung für Familienhilfe im Jugendamt arbeitete. Nachdem die Formalitäten mit der Sozialarbeiterin erledigt waren, machten wir uns auf den Weg zum Büro meiner Mutter.

Wir saßen eine Weile bei ihr und unterhielten uns, und meine Mutter fragte mich, was ich über die beiden Kinder wisse. Als ich ihr das erzählte, was ich über den Hintergrund und die Herkunft der Kinder erfahren hatte – über ihren schwierigen Start ins Leben –, da veränderte sich plötzlich die Miene meiner Mutter.

„Was ist denn los?“, fragte ich.

„Erinnerst du dich an das sechs Monate alte Baby, das von seiner Großmutter betreut wurde? Der kleine Junge, der deine Babysachen bekommen hat?“

„Ja“, antwortete ich, und mein Herz machte bereits einen Satz.

„Genau diesen Jungen hältst du gerade an der Hand.“

Sie hatte recht. Gott hatte mir genau den Jungen zur Pflege anvertraut, der all die Babysachen meines ungeborenen Kindes bekommen hatte. Gott hatte alles arrangiert. Er hatte mich sogar darauf vorbereitet und dafür ausgebildet, mich um mein künftiges Kind zu kümmern und es zu versorgen, als ich das Gefühl gehabt hatte, dass es für mich eigentlich keine Zukunft mehr gab. Gott hatte im Verborgenen die Fäden unseres Lebens miteinander verwoben; ich hatte nichts davon geahnt und konnte das gewebte Muster erst im Rückblick erkennen. Gott ist es, der uns alle im Leib unserer Mutter bildet, und ich weiß, dass er diese beiden Babys für mich gemacht hat!

Vor einem Jahr habe ich die beiden wunderbaren Kinder offiziell adoptiert, und heute, als alleinerziehende Mutter von drei Kindern, betrachte ich mich als unendlich reich beschenkt – reicher, als ich es mir in meinen kühnsten Vorstellungen erträumt hätte. Wie groß ist doch unser Gott!

11
Die Sache mit den Broten und den Fischen

KIMBERLY CREECH

Wenn man achtzehn ist und zusammen mit elf Freunden auf den ersten Missionseinsatz ins Ausland fährt, dann fühlt sich das Leben ziemlich gut an. Man hat die Schule hinter sich, den Schulabschluss in der Tasche, geht demnächst zur Uni, und der Glaube an Gott und der Optimismus laufen auf Hochtouren. Was auch immer dieses Abenteuer für einen bereithält, Gott wird schon für alles sorgen.

So fühlte ich mich damals im Sommer 1998 – in dem Sommer, als ich zwei Wochen lang den Menschen in Brasilien von Jesus Christus erzählte und in staatlichen Schulen mit den Kindern bastelte. Und alles, was ich intuitiv gedacht und geglaubt hatte, war richtig: Es wurde wirklich ein Abenteuer, der Optimismus war berechtigt, und Gott sorgte für alles. Und wie!

In den zwei Monaten vor unserer Abreise hatte unser Missionsteam jeden Supermarkt und jeden kleinen Laden in der Gegend nach gelben Plastikbechern abgegrast. Die Becher mussten gelb sein, weil wir daraus mit ein paar Pfeifenreinigern und Schwämmen kleine Küken basteln wollten. Es war ziemlich schwierig, diese Becher in Gelb aufzutreiben. Rote und weiße gab es fast in jedem Laden, aber kaum gelbe, und der Internethandel steckte damals noch in den Kinderschuhen. Aber wir hatten nun mal die Aufgabe bekommen, solche gelben Becher zu beschaffen, also taten wir, was uns aufgetragen worden war. Wir kauften so viele Becher, wie wir auftreiben konnten, und kamen schließlich auf 750 Stück.

Nach unserer Ankunft in Brasilien ordneten und verteilten wir am ersten Tag unsere Materialvorräte: alles, was wir für die Küken brauchten, etwas Garn, aus dem die älteren Kinder etwas basteln sollten, und Handzettel und Neue Testamente auf Portugiesisch, die abends auf der Straße verteilt werden sollten. Rio de Janeiro war eine gefährliche Stadt und deshalb schlossen wir alles, was wir am folgenden Tag nicht brauchten, in Kisten mit Vorhängeschlössern ein.

Am ersten Tag war unser Missionseinsatz ein voller Erfolg. Es kamen fast 700 Kinder, denen wir von Jesus erzählten, und beim Basteln sangen wir Lieder mit ihnen. Am Ende des Tages gingen sie mit strahlenden Gesichtern und einem selbst gebastelten Küken in der Hand nach Hause. Wir freuten uns natürlich und waren glücklich, aber dieser Erfolg stellte uns auch vor ein Problem. Es lagen noch zwei Wochen Missionseinsatz vor uns, aber wir hatten nur noch 50 gelbe Becher. Keiner glaubte, dass wir in der Stadt solche Becher würden auftreiben können. Es blieb uns also nichts anderes übrig als zu beten.

Als wir am Abend aufräumten und das übrig gebliebene Material wieder zusammenpackten, knieten wir uns vor die fast leeren Kisten, beteten und verschlossen die Kisten dann. Wir sprachen noch ein wenig darüber, was wir den Kindern am nächsten Tag als Alternative anbieten könnten, aber in erster Linie wollten wir darauf vertrauen, dass Gott unser Problem löste.

Am nächsten Morgen nach dem Frühstück bereiteten wir uns auf den Tag vor, schlossen die Kisten auf und beluden unsere Rucksäcke mit allem Material, das wir brauchten. Unsere Jugendpastoren händigten jedem seinen Teil an Material aus, und erst als wir zwölf Mitarbeiter alles hatten, was wir brauchten, merkten wir plötzlich, dass wir die gleiche Menge an gelben Bechern hatten wie am vorherigen Tag. In den Kisten waren nicht nur 50 Becher wie am Abend zuvor, sondern an diesem Morgen waren die Kisten beinah wieder voll.

Tag zwei war ebenfalls ein voller Erfolg, und es kamen wieder genauso viele neue Kinder wie am Vortag. Als es Abend wurde, kehrten wir zu unseren Materialkisten zurück und sahen, dass sie fast leer waren. Wir verschlossen sie wieder, knieten uns davor und beteten, dass Gott sie wieder füllen möge. Am nächsten Tag war in den Kisten erneut genügend Material, sodass jeder seinen Rucksack damit füllen, losgehen und den Kindern von Gott und seiner Liebe erzählen konnte. Den Rest der beiden Wochen in Rio beteten wir jeden Abend und fanden dann am nächsten Morgen, wenn wir die Kisten wieder öffneten, mehr als genug Material für den Tag. Wir zwölf jungen Mitarbeiter waren absolut begeistert!

Als Kind hatte ich gebetet, dass ich so gerne große Wunder sehen wollte, Wunder wie die, von denen in der Bibel berichtet wird. Ich wollte sehen, wie Menschen vom Tod auferweckt wurden, wie sich das Meer teilte und wie Gott Brot und Fisch vermehrte. Mit achtzehn sah ich dann mit eigenen Augen, wie sich 750 gelbe Plastikbecher und andere Materialien so vermehrten, dass sie für 5.000 Kinder reichten. Gott sorgte dafür, dass alle Kinder etwas mit nach Hause nehmen konnten, das sie an den Tag erinnerte, an dem sie von Jesus hörten, der sie mehr liebt, als es sonst jemand könnte.

Gott hätte nicht durch ein solches Wunder für das Material zu sorgen brauchen, aber er freut sich darüber, wenn er uns Herzenswünsche erfüllen kann. Gott schenkt uns sogar mehr, als wir brauchen. Wir hatten nämlich nicht nur genug Material, um dort in Brasilien unsere Arbeit zu tun, sondern wir konnten die Kisten randvoll zurücklassen für die Missionare vor Ort, damit sie die Arbeit nach unserer Abreise fortsetzen konnten. Wie viel Liebe hat doch unser Gott, dem wir dienen!

12
Eine letzte Ultraschalluntersuchung

CHANDA MILLER

Es sieht aus, als ob sich der Fötus erst entwickelt hat, dann aber nicht mehr gewachsen ist. Sie können warten, dass sich das Gewebe von selbst löst, wir können Ihnen aber auch Medikamente verschreiben, durch die der Vorgang beschleunigt wird. Oder wir geben Ihnen einen Termin für eine Ausschabung.

Die E-Mail war ebenso kurz und knapp wie grausam. Mit einigen wenigen Worten wurde darin das bestätigt, was mir meine Ärztin bereits persönlich gesagt hatte – nach neun Wochen war meine Schwangerschaft zu Ende. Das Kind, das in meinem Leib herangewachsen war, lebte nicht mehr.

Einige Tage zuvor hatte ich plötzlich Blutungen bekommen. Bei der daraufhin durchgeführten Ultraschalluntersuchung fiel ich in den ersten paar Minuten von verhaltener Hoffnung in völlige Verzweiflung. Ich beobachtete die Ärztin, wie sie sich vergeblich bemühte, den Herzschlag des Babys zu finden. Es war offenbar der denkbar schlimmste Fall eingetreten. Ich tat daraufhin das Einzige, was mir noch blieb, und legte das Kind ganz in Gottes Hand. Wie auch immer es jetzt weiterging, ich wollte, dass sein Wille geschah.

Es folgten weitere Untersuchungen, und selbst wenn am Anfang immer wieder Hoffnung aufkeimte, wurde diese schnell zunichtegemacht. Etwa eine Woche nach der ersten Ultraschalluntersuchung bekam ich die E-Mail, mit der ich über die weiteren Möglichkeiten für mich informiert wurde: Ich könnte warten, bis sich das Gewebe von selbst löste, ich könnte diesen Vorgang durch Medikamente herbeiführen oder von einem Arzt eine Ausschabung der Gebärmutter durchführen lassen. Es schien so, als ob mein Kind in null Komma nichts alles verloren hatte, sogar das Recht, als Baby bezeichnet zu werden. Jetzt war es einfach nur noch „Gewebe". Darüber musste ich noch mehr weinen.

Ich beschloss, das Einzige zu tun, was ich für mein Baby noch tun konnte. Ich wollte abwarten, dass mein Körper das tat, was er von Natur aus tun würde. Der Heilige Geist gab mir die Kraft, Gott zu loben und zu preisen – auch angesichts dieser schweren Situation. Als nach neun Tagen immer noch nichts passiert war und ein anderer Arzt nach einer weiteren Ultraschalluntersuchung zu demselben Ergebnis kam, ließ ich mir ruhigen Gewissens einen Termin für eine Ausschabung geben.

Mein Mann begleitete mich, und die wunderbare Krankenschwester, die von der Aufnahme bis zum Ende der Prozedur bei mir bleiben sollte, bereitete mich für den Eingriff vor. Diese beiden Menschen gaben mir großen Halt, aber ganz besonders vertraute ich in dieser Situation Gott und hielt an ihm fest. Mir war damals wie heute absolut klar, dass denen, die Gott lieben, alle Dinge zum Besten dienen. Ich wusste, dass Gott nur Gutes mit mir im Sinn hatte – sogar durch den Tod meines Kindes. Und ich wusste, dass mein Baby in seinen liebenden Armen sicher und geborgen war.

Unmittelbar vor Beginn des Eingriffs stellte mir der behandelnde Arzt noch einige Fragen. Über zwei Dinge war er ziemlich irritiert: zum einen darüber, dass bei den beiden bereits durchgeführten Ultraschalluntersuchungen gar kein Baby gefunden worden war, und zum anderen darüber, dass bei der Blutuntersuchung auffällig hohe Hormonwerte festgestellt worden waren. Seiner Meinung nach gab es dafür drei mögliche Gründe: eine molare Schwangerschaft – das sind gutartige Geschwülste in der Gebärmutter, aus denen sich aber Krebs entwickeln kann – oder eine teilweise molare Schwangerschaft oder Eierstockzysten. Es war ihm wichtig, mich darüber aufzuklären, wie er die Situation einschätzte, und er wollte sich durch eine weitere Ultraschalluntersuchung vor dem Eingriff noch einmal selbst ein Bild machen.

Ich war ziemlich schockiert über das, was der Arzt gesagt hatte, aber ich vertraute weiterhin darauf, dass Gott Herr der Lage war. Als ich in meinem Bett zum Ultraschall geschoben wurde, machte ich mir noch einmal bewusst, dass ich Gott mein Baby schon bei meiner Ärztin hatte anvertrauen können und dass ich es deshalb auch jetzt tun konnte.

Ich war die Stille bereits gewohnt, die im Raum herrschte, wenn mein Bauch untersucht wurde, doch diese typische Stille hielt diesmal nicht lange an. „Aber da ist doch ein Baby …"

Erleichterung durchflutete mich und erfüllte mich ganz und gar. Die Angst vor Zysten und einer molaren Schwangerschaft und Gebärmutterkrebs wich. Wenigstens konnte jetzt die Ausschabung vorgenommen werden, sodass ich dann um dieses kleine Leben trauern konnte, das in mir begonnen hatte und nun gestorben war.

„Ach – und es sieht auch ganz so aus, als ob es einen Herzschlag wie im Bilderbuch hat. Es bewegt sich ganz fleißig."

Mein Gefühl in diesem Moment war unbeschreiblich: Schock, Ehrfurcht, Ungläubigkeit, Freude. Ich hörte mich selbst rufen: „Oh, Gott sei Dank!", und schon Sekunden später sah ich auf dem Bildschirm mein gesundes elf Wochen altes Baby mit seinen kleinen Füßen strampeln und mit den Ärmchen wedeln.

„Möchten Sie die Herztöne hören?"

Ich konnte die Tränen nicht zurückhalten, als die Herztöne meines Kindes, die wie ein galoppierendes Pony klangen, durch den ganzen Raum dröhnten. Herztöne, die niemand bei meinem Baby hatte finden können, und das man deshalb für tot erklärt hatte. Aber es war Leben in mir!

Als ich später noch einmal mit dem Arzt sprach, wurde mir klar, dass ich um ein Haar dazu beigetragen hätte, das Leben eines gesunden Babys zu beenden. Ich erklärte dem Arzt, wie dankbar ich Gott sei, dass er ihm als Arzt die Weisheit geschenkt habe, noch einmal gründlich und genau nachzuschauen. Seine Antwort darauf war eine Bestätigung, dass all die Gebete meiner Familie und meiner Freunde von Gott erhört worden waren: „Dann gehe ich mal davon aus, dass ich offen für die Wege des Heiligen Geistes bin."

Während wir darüber sprachen und staunten, wie gnädig und liebevoll Gott ist, füllte sich der Raum nach und nach mit Menschen, die all das mitbekommen hatten – mit Schwestern, der medizinisch-technischen Assistentin, die bei der Untersuchung dabei gewesen war, und anderen Mitarbeitern und Patienten. Manche applaudierten oder jubelten sogar. Ich umarmte den Arzt und der Arzt umarmte die Schwester, und alle drückten meinem Mann die Hand und gratulierten dem werdenden Papa. Da saßen wir mitten in einem Wunder, das immer größere Kreise zog. Es war, als stünde die gesamte zweite Etage der Klinik Kopf.

Gott ist ein Gott der Wunder. Er ist derselbe Gott, der das Rote Meer geteilt hat, der Manna vom Himmel regnen ließ und der Tote wiederauferweckte. Das verloren geglaubte Kind war zu mir zurückgekehrt. Und die ganze Zeit hatte ich die Worte von Maria aus Lukas 1 im Kopf, ich muss immer wieder an sie denken: „Von ganzem Herzen preise ich den Herrn. Ich bin glücklich über Gott, meinen Retter. (…) Gott hat große Dinge an mir getan, er, der mächtig und heilig ist" (Verse 46-47.49).

Während ich diese Zeilen schreibe, spüre ich immer noch die Wärme und die Begeisterung dieses Tages. Und ich spüre, wie mein Kind in mir strampelt. Es wird jede Woche größer, und es dauert nicht mehr lange, bis wir uns sehen werden. Ich freue mich darauf zu erleben, was Gott mit diesem ganz besonderen Menschen vorhat. Ich weiß schon jetzt, dass mein Baby geliebt ist und dass mein himmlischer Vater es kennt. Er kennt uns alle, und er liebt uns auch alle. Jeden Einzelnen.

13
Ein unerwartetes Geschenk

DEBBIE MORRISON

Mein Minivan war wieder einmal kaputt. Ich lebte seit Kurzem als alleinerziehende Mutter mit einem Kleinkind in einem Bundesstaat der USA, den ich noch nicht kannte, und obwohl ich eine wunderbare Gemeinde gefunden hatte, fühlte ich mich doch sehr schutzlos und allein, mit sehr viel Verantwortung. Als ich an der geöffneten Motorhaube meines Wagens stand und meinen Sohn Michael im Wagen sitzen sah, ging es mir noch schlechter. Wie sollte ich die 50 Kilometer bis zu meiner Arbeitsstelle ohne Auto bewältigen? Wie sollte ich den Lebensunterhalt für meinen Sohn und mich verdienen, wenn ich so gut wie pleite war?

Gott, ich habe alles getan, was ich konnte, aber das reicht anscheinend nicht. Ich kann nicht mehr. Ich brauche ein Zeichen von dir, dass du dich um meinen Sohn und mich kümmerst und für uns sorgst.

Eines Abends nach diesem verzweifelten Gebet bekam ich einen Anruf von Ben, einem Freund. Er bat mich, zu dem Autohaus zu kommen, in dem er arbeitete. Ben und seine Frau Laura gehörten zu meiner neuen Gemeinde und waren beide großartige Christen. Ich wusste eigentlich nicht so recht, was diese Aktion bringen sollte, aber Ben sagte, seine Frau werde auf meinen Sohn aufpassen und ich solle einfach Gott vertrauen und mich auf den Weg machen.

Als ich den Wagen sah, musste ich lächeln. Es war ein wunderschöner Mittelklassewagen, der wie neu aussah. Das Auto sei gerade hereingekommen, sagte Ben, es stamme von einem älteren Ehepaar, das den Wagen neu gekauft und bis jetzt gefahren habe. Er sei mit elektrischen Fensterhebern, Klimaanlage, Tempomat und einem funktionierenden Radio ausgestattet, er mache insgesamt einen soliden Eindruck und sei sehr zuverlässig. Der Wagen war fantastisch, und ich war völlig hingerissen. Aber schon ohne den Preis zu kennen, war mir klar, dass er meine finanziellen Möglichkeiten weit übersteigen würde. Nachdem ich noch einmal durchgerechnet hatte, wie viel ich maximal aufbringen konnte, zermarterte ich mir das Hirn, ob es nicht vielleicht doch irgendeine Möglichkeit gab, den Wagen zu kaufen. Letztlich war mir aber klar, dass die tausend Dollar Steuerrückzahlung, die ich bekommen hatte, nicht annähernd ausreichen würden. Mein Lächeln verflog, und Enttäuschung machte sich in mir breit.

„Vielen Dank", sagte ich, „aber so was kann ich mir nie und nimmer leisten."

„Wie viel Geld hast du denn?", erkundigte sich Ben.

Ich erzählte ihm von der Steuerrückzahlung und dass dieser Betrag zur Verfügung stehe, aber eben nicht mehr.

„Ach", sagte er, und ein ganz feines Lächeln umspielte seinen Mund. „Das ist ja ein Zufall. Der Wagen kostet nämlich ganz genau tausend Dollar." Und mit diesen Worten überreichte er mir die Autopapiere und den Schlüssel und schickte mich auf Probefahrt. Als ich wieder zurückkam, gehörte der Wagen mir! Noch nie in meinem ganzen Leben habe ich so geweint. Gott hatte tatsächlich für mich gesorgt. Er hatte mein Gebet nicht nur zur Kenntnis genommen, sondern erhört.

Ich wusste, dass der Wagen weit mehr als tausend Dollar wert war und dass Ben die Differenz aus eigener Tasche dazugelegt hatte.

Erst später fiel mir auf, dass dieser Handel Ähnlichkeit hatte mit dem, was Jesus am Kreuz für mich getan hat. Er hat mehr bezahlt, als ich es je gekonnt hätte, für etwas, das ich mir niemals selbst hätte leisten können. Und im Gegenzug bittet er mich einfach nur, ihm alles anzuvertrauen, was ich habe.

14
Ich gebe dir meinen Engel

HOLLY PUGSLEY

Fünf Wochen nach der Geburt unseres zweiten Babys verließ mich mein Mann nach sieben Jahren Ehe. Da stand ich nun mit einem zweijährigen Sohn, einem neugeborenen kleinen Mädchen und ohne Mann. So hatte ich mir mein Leben ganz sicher nicht vorgestellt, aber ich war gesund und mein Zweijähriger war ebenfalls gesund. Meine nicht ganz so kleine Tochter, die ein Geburtsgewicht von 4850 Gramm auf die Waage gebracht hatte, war ein Baby, das immer mit großen Augen in die Welt guckte und ständig lächelte, sodass jeder bei ihrem Anblick entzückt war. Wenn Leute sie anschauten, sagten sie oft, sie scheine ja gut essen zu können und sie mache einen ziemlich pflegeleichten Eindruck, so proper und gesund, wie sie aussehe. Aber ich war da anderer Meinung. Ich wusste, dass mit ihr irgendetwas nicht stimmte.

Als ich an einen speziellen Kinderarzt überwiesen wurde, begleitete mich meine Mutter zu dem Termin. Der Arzt untersuchte meine Tochter und stellte mir dann eine Frage, die mich stutzig machte. „Gibt es in Ihrer Familie irgendwelche Muskelerkrankungen?"

Auf dem ganzen Heimweg sprachen meine Mutter und ich kein Wort. Wir hatten beide zu große Angst, dass wir weinen müssten und nicht mehr würden aufhören können, wenn wir auch nur ein Wort sagten. Außerdem gab es so viele Fragen. Ich hatte das Gefühl, als würde ich schon wieder heftig durchgeschüttelt, bevor sich nach dem ersten schweren Schlag alles ein wenig hatte beruhigen können.

Wir waren an einen Kinderneurologen überwiesen worden, und damit begann für meine Tochter und mich eine endlose Reihe von

Terminen bei Spezialisten, von denen wir hofften, dass sie uns Antworten würden geben können. Wir hatten Termine bei Internisten, Genetikern, Logopäden, Physiotherapeuten, Endokrinologen, weiteren Neurologen … und vielen mehr. Zwei Jahre klapperten wir Ärzte ab, und alle sagten sie das Gleiche: Sie wüssten nicht genau, was mit meiner Tochter los sei, aber höchstwahrscheinlich werde sie niemals gehen oder auch nur sitzen können. Manche dieser Spezialisten sagten sogar, ich solle lieber gar nicht erst versuchen, ihr all das beizubringen, weil sich ihre Muskulatur nicht richtig entwickele und durch solche Anstrengungen noch stärker geschädigt werden könne.

Als ich eines Tages wieder einmal aus der Praxis eines Spezialisten, eines Endokrinologen, kam, konnte ich nicht mehr. Ich war absolut fertig – fertig von all den Fragen, fertig von all der Ungewissheit, fertig von all der Angst und den Gesprächen darüber, dass mit meiner Tochter – die ich so innig liebte – etwas nicht stimmte. Ich war nicht mehr bereit, ihr Dinge zuzumuten, die keinem Baby zugemutet werden sollten. Und ich war nicht mehr bereit, meine wenige Zeit ausschließlich mit Arztbesuchen zu verbringen. Ich saß in meinem Wagen auf dem Parkplatz der Arztpraxis und beschloss, etwas anderes zu tun. Ich wollte Gott vertrauen und ihn machen lassen, was auch immer dabei herauskam. Ich liebte meine kleine Tochter, und zum allerersten Mal in meinem ganzen Leben hatte ich das Gefühl, Gott ganz und gar vertrauen zu können, was auch immer kommen mochte. Also betete ich unter Tränen: „Gott, ich gebe dir meinen kleinen Engel. Bitte liebe sie und heile sie. Dein Wille soll geschehen, denn allein schaffe ich das nicht."

Schon nach ein paar Tagen ging es ihr besser. Und dann lernte sie sitzen. Bereits sechs Wochen später konnte meine zwei Jahre alte Tochter mit Hilfestellung stehen, weitere vier Wochen danach stand sie allein. Mit vier Jahren hatte sie den Entwicklungsrückstand, den sie im Vergleich mit Gleichaltrigen hatte, aufgeholt, und mit sieben war sie genauso groß wie ihre Altersgenossen. Heute kann sie alles – wirklich alles –, was Kinder in ihrem Alter können sollen. Sie ist eine sportliche Zehnjährige, die reiten und schneller rennen kann als ihre Brüder.

Von den vielen Ärzten, die sie untersucht haben, hat dafür keiner eine medizinische Erklärung. Sie greifen dann gern zu Ausdrücken wie „Wunderkind“. Und das stimmt auch. Sie ist ein Wunder, das Gott getan hat. Als ich meinen menschlichen Wunsch aufgab, die Sache selbst in den Griff zu bekommen, und als ich alles Gott anvertraute, da zeigte er mir, wie mächtig er ist, und handelte entsprechend.

15
Nichts ohne Gott

UNBEKANNT

Nicht jeder ist im Leben irgendwann völlig am Boden. Aber wer das erlebt, für den ist dieser Augenblick, in dem es nicht mehr tiefer geht, auch meist ein Moment, in dem er eine größte innere Zerrissenheit erlebt. Bei mir war der Tag, an dem ich diese Zerrissenheit erlebte und überstand – und zwar allein durch Gottes Hilfe –, Dienstag, der 12. Januar 2010.

Ich bin in einer sehr liebevollen Familie groß geworden. Mein Vater ist Pastor und meine Mutter ist eine der frömmsten Frauen, die man sich vorstellen kann. Ich war ein echtes Pastorenkind, aber mit neunzehn Jahren war ich ein Paradebeispiel für jemanden, der gegen den Glauben rebelliert.

Dass ich den Alkohol für mich entdeckte, gehört mit zum Schlimmsten, was mir in meinem Leben passiert ist. Damals sah ich das noch nicht so. Als Jugendliche, die gerade ihren Schulabschluss in der Tasche hatte, war ich der Meinung, dass Alkohol mein bester Freund war. Ich trank unglaublich gern. Mir gefiel, wie locker ich durch Alkohol wurde. Es fühlte sich einfach gut an. Wenn ich trank, dann musste ich an nichts denken und hatte das Gefühl, die ganze Welt läge mir zu Füßen.

Mit einundzwanzig heiratete ich meinen besten Freund. Er war Berufssoldat bei der Armee, und bei jeder Versetzung zog ich mit ihm an die neue Dienststelle. Das war schwer für mich, und die ständigen Abschiede führten dazu, dass ich immer mehr trank. Als mein Mann im Irak stationiert wurde, erreichte mein Trinken eine neue Dimension. Es hatten bereits etliche Leute aus meinem Umfeld angedeutet oder auch deutlich ausgesprochen, dass ich offenbar ein Alkoholproblem hätte, aber solche Aussagen wiegelte ich immer ab.

Ich beherrschte es meisterhaft, den Leuten das zu sagen, was sie meiner Meinung nach hören wollten. Zwar war ich ab und zu noch nüchtern, aber mit meinem Leben ging es immer weiter bergab. Als wir nach Japan zogen, versteckte ich im ganzen Haus Wodkaflaschen und trank fast jede Nacht bis in den frühen Morgen. Anschließend schaffte ich es immer noch gerade rechtzeitig ins Bett, bevor mein Mann aufstehen musste, um zur Arbeit zu gehen. Ich hasste, was aus mir geworden war, aber ich hasste es offenbar nicht genug, um mit dem Trinken aufzuhören.

Vor unserem Umzug nach Japan hatte ich so viel Zeit wie möglich – wenn auch längst nicht genug – mit meiner Großmutter verbracht. Wir hatten uns jahrelang sehr nahegestanden, und sie wurde jetzt merklich alt. Ich fand es schrecklich, wenn sie sagte, wir würden uns wahrscheinlich nicht mehr wiedersehen, wenn ich nach Japan zöge. Sie wollte endgültig Abschied nehmen, aber ich weigerte mich; ich wollte nicht „Lebewohl", sondern „Auf Wiedersehen" sagen.

Doch meine Großmutter sollte recht behalten. Während unseres Aufenthaltes in Japan starb sie, und zwar genau in einer Woche, in der mein Mann ein paar Tage auf Dienstreise war. Ich stürzte so tief ab wie nie zuvor. Mit zwei Flaschen Wodka und einer großen Packung Papiertaschentücher setzte ich mich in unserem leeren Haus vor den Fernseher und sah mir das Video vom Trauergottesdienst meiner Großmutter an, das ich geschickt bekommen hatte. Ich trauerte um meine Großmutter und auch um die Person, die ich einmal gewesen war. Dabei empfand ich unglaublichen Selbsthass, Schuld, Scham und Demütigung. Das hier war der Tiefpunkt meines Lebens. Tiefer ging es nicht mehr. Mir wurde klar, dass mir nur noch eines blieb – mich zu Tode zu trinken. Ich stand von meinem Stuhl auf und ging in die Küche. Ich wollte sämtlichen Alkohol im

Haus zusammensuchen, auch die letzten Reste aus den Verstecken, und dann würde ich trinken, bis ich umfiel.

Als ich in der Küche ankam, ließ mich ein seltsames Gefühl innehalten. Ich spürte zwei Hände auf meinen Schultern, die mich auf die Knie drückten. Es war nicht so, *als ob* da zwei Hände wären, sondern ich konnte sie tatsächlich *spüren* – groß, schwer und warm auf meinen schmalen Schultern. Ich konnte mich nicht mehr auf den Beinen halten und sackte zusammen. Mit dem Gesicht auf dem Boden flehte ich Gott an, mir zu helfen. Mir wurde bewusst, was aus mir geworden war, und ich schämte mich unglaublich dafür. Ich hatte ihn angespuckt und ihn verspottet. Ich hatte mich ganz den Verlockungen dieser Welt hingegeben und mich von Gott abgewandt. Mir war klar, dass ich in keiner Weise seine Liebe oder seine Hilfe verdient hatte, aber ich bat trotzdem darum.

Als ich mit dem Gesicht auf dem Boden lag, die Hände über dem Kopf zu Fäusten geballt, die Knie unter mir bis ans Kinn angezogen, bat ich ihn inständig, mir zu vergeben. Ich wollte nicht mehr so leben. Ich wollte diesen Weg nicht weitergehen, aber sterben wollte ich auch nicht. Gott sollte das Kommando in meinem Leben übernehmen. Er sollte mich nach Hause bringen und mir endlich meinen Frieden geben.

Durch all mein Schluchzen und mein Reden hindurch konnte ich eine leise Stimme in meinem Kopf hören, die sagte: *Ich werde dich nie verlassen oder von dir weichen.* Immer und immer wieder. Und dann spürte ich plötzlich von einem auf den anderen Moment einen inneren Frieden. Ich war plötzlich absolut nüchtern, so als wäre ein Schalter umgelegt worden. Auf einmal ergab alles einen Sinn. Obwohl ich solche Angst vor dem Umzug nach Japan gehabt hatte, war es das Beste, was mir hatte passieren können. Die Zeit hier hatte mich in eine Krise gestürzt, die letztlich dazu führte, dass ich verzweifelt genug war, um Gott um Hilfe zu bitten.

Ich bin bis heute trocken geblieben. Am 12. Januar 2010 wurde ich von meiner Sucht befreit, und ich habe dafür etwas sehr viel Kostbareres bekommen: die Erkenntnis, dass ich ohne Gott absolut nichts bin.

16

Ein winziges Herz und ein großer Gott

ALAN UND CLAUDIA HASFJORD

Ich hatte geglaubt zu wissen, was Angst ist. Ich war beim Militär gewesen, und ich hatte genug gesehen und erlebt, um zu wissen, wie der Körper bei Gefahr reagiert. Ich wusste, wie Angst einen beeinträchtigen kann, wie sie einen erstarren lassen kann, wie sie krank und schwach macht. Aber nichts hätte mich auf den Tag vorbereiten können, an dem ich hörte, wie der Arzt meiner Frau sagte, dass unsere sechs Tage alte Tochter Melanie gestorben sei.

Nichts, was ich jemals zuvor erlebt habe, war mit der Wucht dieser Worte vergleichbar. Nichts hatte mich jemals dazu gebracht, so tief in mein Herz zu schauen und mich zu fragen, wie ich weitermachen sollte. In den dreißig Sekunden, die auf die Nachricht folgten, erlebten meine Frau Claudia und ich, was es bedeutet, absolut hilflos zu sein.

Bis heute erinnere ich mich ganz genau daran, was ich in diesem Raum im Krankenhaus empfand. Ich bin Gott immer noch dankbar für die Chance, ganz persönlich und konkret das Gefühl zu erleben, wenn man keine eigene Kraft mehr hat, auf die man bauen kann. Und natürlich bin ich Gott auch dankbar für das Wunder, das dann folgte.

Das Herz unserer Tochter hatte aufgehört zu schlagen. Auf den Monitoren war nur noch eine gerade Linie ohne einen Ausschlag zu sehen. Und dann, etwa zwei Minuten, nachdem man uns die Nachricht von ihrem Tod überbracht hatte, war plötzlich wieder alles anders, denn ihr Herz begann wieder zu schlagen.

Es ist schon schwer genug, den Schmerz und die Angst zu vermitteln, die durch die Nachricht vom Tod unseres Kindes ausgelöst wurde. Noch schwerer zu erklären ist, dass es um ein Vielfaches erschreckender war, sie wieder zurückzubekommen. Wir wussten nicht, was wir glauben sollten. Wir wussten nicht, was wir tun sollten. Sollten wir hoffen, dass alles gut würde, oder war das hier nur ein kurzer Aufschub, bis man uns ein zweites Mal mitteilen würde, sie sei tot?

Die darauffolgenden Stunden verbrachten wir wie in einem Nebel. Ich sah zwar, was um mich herum los war, aber nichts von alle dem ergab einen Sinn. Da waren unzählige Ärzte, unglaublich viel Aktivität und es wurden unzählige Tests und Untersuchungen mithilfe von unterschiedlichsten Apparaten durchgeführt. Ich erinnere mich noch, dass ich mit etlichen Ärzten gesprochen habe, ich weiß aber beim besten Willen nicht mehr, was sie mir mitteilten. Claudia und ich konnten nicht schlafen, nicht essen und nicht einmal reden. Wir warteten einfach auf eine Nachricht.

Als es schließlich so weit war, wünschten wir, das Untersuchungsergebnis nicht gehört zu haben, denn wir erfuhren, dass Melanie einen schweren Herzfehler hatte. Genau das waren die Worte, und es sind auch die ersten Worte in all dem Chaos, an die ich mich erinnere. Diese Worte öffneten die Schleusen für noch mehr Schmerz und Angst.

Ganz langsam ergaben die einzelnen Puzzleteile der medizinischen Informationen ein Bild, und am Ende war klar, dass Melanie mit einem extrem seltenen und komplizierten Herzfehler geboren worden war, einem hypoplastischen Rechtsherzsyndrom. Nach Aussage des Ärzteteams hatte sie bei dieser Art von schwerem und kompliziertem Herzfehler mit mehreren Löchern und einer geknickten Arterie, die den Blutfluss behinderte, keine Überlebenschance. Man sagte, es gebe zwar Behandlungsmöglichkeiten für das hypoplastische Linksherzsyndrom, es sei aber kein einziger Fall bekannt, dass ein Baby mit hypoplastischem Rechtsherzsyndrom länger als ein paar Wochen überlebt habe. Außerdem könne die notwendige Operation hier in Japan nicht durchgeführt werden.

Die sei nur in einer Spezialklinik in den USA möglich, das bedeute aber einen vierzehnstündigen Flug. Hinzu kam, dass durch Melanies Herzstillstand eine Art Dominoeffekt bei ihren anderen Organen ausgelöst worden war, denn sie stellten eines nach dem anderen ihre Funktion ein. Zu dem Zeitpunkt, als die Ärzte endlich herausgefunden hatten, was mit Melanies Herz los war, hatten schon ihre Leber, die Nieren, die Atmung und der Magen-Darm-Trakt versagt.

Man sagte uns, Melanie werde nur noch durch Apparate am Leben erhalten, und wir sollten uns darauf vorbereiten, dass der diensthabende Arzt über den Fall entscheiden werde. Die Klinikverwaltung hatte sogar schon meinen Kommandeur angerufen, damit alles für die Papiere vorbereitet werden konnte, die nötig waren, um schnell Urlaub zu bekommen und den Stützpunkt und das Land zu verlassen. So könnten wir zu Hause die Beerdigung vorbereiten. Man hatte uns einen Offizier für solche Notfälle zur Seite gestellt, der uns bei den erforderlichen Formalitäten behilflich sein sollte, um Melanies Leichnam für die Überführung nach Amerika durch den Zoll zu bekommen. Es sei nur eine Frage der Zeit, dass unsere Tochter sterben würde, hieß es.

Inzwischen hatten die Ärzte Melanies Krankenakte an ein Kardiologenteam im Kinderkrankenhaus in San Diego übermittelt und einen medizinischen Flug organisiert. Das sei allerdings nur aus formalen Gründen geschehen, sagte man uns, denn das japanische Ärzteteam glaube nicht, sie so weit stabilisieren zu können, dass sie transportfähig sei. Also warteten wir – darauf, dass die Zollpapiere fertig wurden, auf den Pfarrer, der die Trauerfeier zu Hause organisieren sollte, und darauf, dass unsere kleine Tochter das tat, was alle voraussagten – zu sterben.

Zwei Tage lang warteten wir, und als schließlich der Flug, die Papiere und die Organisation bereit waren, sagte der Arzt, es sei jetzt Zeit zu starten. Man könne nicht mehr länger warten. Melanie müsse jetzt in die USA geflogen werden, auch wenn das möglicherweise ihren Tod bedeute.

Bestand überhaupt die Chance, dass sie es bis San Diego schaffen würde? „Vielleicht", sagte man uns.

Wie hoch die Chance sei? „Ein bis zwei Prozent."

Und wie groß wäre ihre Überlebenschance, wenn sie in Japan blieb? „Null."

Mit diesen Informationen versorgt, waren wir nach ein paar weiteren Telefonaten unterwegs zum Terminal des militärischen Flughafens. Da wir bis zum Abflug nur eine halbe Stunde Zeit hatten, machten wir uns lediglich mit dem, was wir am Leib trugen und dabeihatten, auf den Weg. Es fühlte sich gut an, dass jetzt endlich etwas passierte und wir nicht weiter herumsitzen und abwarten mussten. Wir lachten sogar darüber, wie schnell plötzlich alles ging. Und wir empfanden es fast als eine Art schwarzen Humor, als wir uns daran erinnerten, dass wir bei unserem Aufbruch von zu Hause vor zwei Tagen einen Topf mit Spaghetti auf dem Herd hatten stehen lassen, dass in der Waschmaschine noch fertig gewaschene Wäsche war und dass der Fernseher lief.

Vierzehn Stunden später saßen wir in San Diego in einem Bus, der uns vom Flughafen zum Kinderkrankenhaus brachte. Melanie hatte den Flug überlebt, und so landeten wir mit einem Funken Hoffnung in San Diego. Die Ärzte hatten sich also mit ihrer Prognose geirrt, dass unsere Tochter den Flug gar nicht überleben werde. Vielleicht irrten sie sich ja auch hinsichtlich der Diagnose. Vielleicht schaffte sie es ja doch noch ein bisschen weiter.

Diese Hoffnung war allerdings nur von kurzer Dauer. Bei Melanies Aufnahme in der Klinik sagte die dortige Mitarbeiterin, dass Melanie nur aufgrund des Zustandes aufgenommen worden sei, den die Ärzte in Japan zwei Tage zuvor übermittelt hätten. Seitdem habe sich ihr Zustand aber dermaßen verschlechtert, dass der Chirurg nicht operieren wolle, weil er überzeugt sei, sie werde nicht einmal die Narkose überleben. Ärzte und Pflegekräfte würden aber dafür sorgen, dass Melanie bis zu ihrem Tod möglichst nicht würde leiden müssen.

Zum zweiten Mal innerhalb von drei Tagen wurden wir also in einen ruhigen Raum gebracht, in dem wir uns einigermaßen einrichteten, während wir darauf warteten, dass unsere geliebte Tochter starb. Aber wieder hatte Gott etwas anderes vor.

Am frühen Nachmittag des 12. Dezember rief uns der Chirurg in sein Sprechzimmer. Er erklärte uns ohne Umschweife, dass er zwar nicht wisse, wieso, aber Melanie sei jetzt so stabil, dass der mögliche Nutzen einer Operation die Risiken überwiege. Der Chirurg betonte allerdings auch, dass wir uns keine allzu großen Hoffnungen machen sollten, denn er halte es immer noch für durchaus möglich oder sogar eher wahrscheinlich, dass sie aus der Narkose nicht wieder aufwachen werde. Er gab ihr eine Überlebenschance von 10 bis 15 Prozent. Das schien nicht viel, aber es war alles, was wir hatten. Wir unterschrieben die Einwilligung und sahen dann, wie Melanie in den OP geschoben wurde. Die automatischen Türen zum OP-Bereich gingen auf, schlossen sich wieder, und dann hieß es wieder warten.

Es ist schwer zu beschreiben, wie verwirrt und benommen wir in den darauffolgenden neun Stunden waren. Und selbst wenn es zu beschreiben wäre, möchte ich nicht einmal in Gedanken noch einmal zurück in diese schlimme Zeit. Andererseits hätte es ohne diese lange Wartezeit nicht den Ansturm grenzenloser Hoffnung und Freude gegeben, der sich einstellte, als die Tür zum Warteraum sich wieder öffnete, der Chirurg, immer noch in OP-Kleidung, mit einem Lächeln im Gesicht erschien und uns mitteilte, dass alles gut verlaufen sei.

Im Laufe der vergangenen vier Jahre hat Melanie insgesamt vier Operationen am offenen Herzen überstanden, sie wurde am Magen-Darm-Trakt operiert, sie hatte ein Dutzend Herzkatheteruntersuchungen und mehr Krankenhausaufenthalte, als zehn Personen sie in ihrem gesamten Leben erleben sollten. Wir haben mehrfach zu hören bekommen, dass sie es dieses Mal nicht schaffen werde, und deshalb haben diese Worte irgendwann einfach ihre Bedeutung für uns verloren.

Keiner kann uns sagen, wie ihr Herz, das eigentlich gar nicht hätte schlagen sollen, es doch tat und warum es nach zweimaligem Herzstillstand zwei Mal von selbst wieder zu schlagen begann. Es hat uns noch niemand erklären können, wieso Nieren, die zu nicht einmal mehr fünf Prozent funktionsfähig waren, eine Lunge, die nur noch zu vierzig Prozent intakt war, und eine Leber mit nur noch zehn Prozent Funktionsfähigkeit sich, abgesehen von ganz geringfügigen Störungen, vollständig erholen konnten.

Es hat uns bisher niemand sagen können, warum ein kleines Mädchen, das eigentlich hätte sterben sollen, vier Jahre später unsere Familie mit ihrem Lachen und einem zeitlosen Verständnis beschenkt, wer Gott wirklich ist.

Niemand kann uns sagen, warum, aber ehrlich gesagt spielt das auch gar keine Rolle. Diese Fragen bringen uns jetzt nicht mehr durcheinander, sondern sie lenken unsere Aufmerksamkeit direkt auf Gott. Wir erleben ja, wie Gott durch Melanie so viel tut; Menschen – ja, sogar Ärzte! – haben eine persönliche Beziehung zu Gott begonnen, weil wir ihnen von Melanies wundersamer Genesung erzählt haben. Auch wir selbst verstehen durch all das besser, wer wir sind, und was noch wichtiger ist, was Gott alles durch uns tun kann.

Bisher hat jede Person aus dem medizinischen Bereich, die mit Melanie zu tun hatte, irgendwann einmal gesagt, es gebe keine Hoffnung. Aber der Große Arzt hat uns gelehrt, dass unsere Hoffnung genügte, um Melanie in ihr herrliches Leben zurückzuholen.

17

Der 11. September – dem Tod entronnen

LAURA JACKSON

Ich war im World Trade Center, als damals Terroristen zum ersten Mal versuchten, es zu zerstören. Wie viele meiner Kollegen hatte auch ich die Ereignisse vom 26. Februar 1993 eher als eine geringfügige Unannehmlichkeit in Erinnerung. Es war ein Ereignis, durch das alle Kollegen näher zusammengerückt waren, und in den darauffolgenden Jahren diente es immer wieder einmal als eine Geschichte, die man gern neuen Kollegen erzählte. Wir hatten damals zwar alle Angst gehabt, aber unser Leben war eigentlich zu keinem Zeitpunkt richtig in Gefahr gewesen. Und alle gingen davon aus, dass uns so etwas an unserem Arbeitsplatz nie wieder passieren würde.

Der 11. September 2001 war etwas ganz anderes. Dieser Tag hat mir das Leben gerettet. Ich arbeitete in der siebzigsten Etage des Südturms im World Trade Center in New York bei einer Bank. An diesem Morgen hielten sich die Mitarbeiter der gesamten Abteilung bei einer Konferenz in der südwestlichen Ecke des Turmes auf. Ich wartete darauf, dass mir das Wort erteilt wurde, schaute dabei aus dem Fenster und dachte, wie wunderschön es draußen aussah und wie sehr ich mir wünschte – ich war nämlich so gar kein Morgenmensch –, da draußen zu sein. Von meinem Platz aus konnte ich den Nordturm erblicken, und plötzlich sah ich, wie Flammen aus dem Gebäude schlugen und Papiere durch die Luft nach unten wirbelten. Ich muss vor Entsetzen die Augen weit aufgerissen haben, denn plötzlich schauten alle anderen ebenfalls in die Richtung, in die ich sah. Mein Chef fand als Erster seine Sprache wieder und sagte: „Verlassen wir lieber das Gebäude."

Fast alle Personen, die sich dort in dem Konferenzzimmer aufhielten, waren auch bei dem Anschlag 1993 in dem Gebäude gewesen, und alle erinnerten sich noch gut daran, wie lange es damals gedauert hatte, aus dem Gebäude zu kommen. Als wir die Flammen und den Rauch vor den Fenstern sahen, zögerten wir nicht lange, sondern machten uns auf den Weg nach draußen.

Ich glaube schon mein Leben lang an Gott, und ich spüre auch immer wieder seine Gegenwart, aber ich habe sie noch nie so stark erlebt wie an jenem Tag. Von dem Augenblick an, als das erste Flugzeug in den Turm flog, hatte ich das Gefühl, als hielte Gott selbst meine Hand. Ich spürte ihn ganz nah bei mir bei jedem Schritt auf der Flucht aus dem Turm; ich spürte, wie er mir den Weg zeigte und mich in Sicherheit brachte.

Tom, ein Freund und Kollege, arbeitete in dem Büro neben meinem und ging mit mir zusammen auf der Treppe nach unten. Wir waren noch nicht weit gekommen, als wir die Anweisung bekamen, das Treppenhaus zu verlassen und mit dem nächstgelegenen Aufzug in die Empfangshalle in der vierundvierzigsten Etage zu fahren. In der neunundfünfzigsten Etage verließen wir also das Treppenhaus und Tom sagte: „Ich suche noch schnell ein leeres Büro in dieser Etage und rufe meine Frau an, hier im Treppenhaus und im Aufzug habe ich mit dem Handy keinen Empfang." Ich wollte mich schon umdrehen und mitgehen, als eine Stimme zu sagen schien: *Geh nicht!* Also sagte ich zu Tom, ich würde in der vierundvierzigsten Etage auf ihn warten, und er ging allein los.

Als ich in der vierundvierzigsten Etage aus dem Aufzug stieg, hatten sich schon mehrere Hundert Menschen in der Empfangshalle versammelt und warteten auf weitere Anweisungen. Es war die erste Fünftagewoche nach einem Feiertag, sodass sich viele der Menschen, die dort arbeiteten, länger nicht gesehen hatten und die

Atmosphäre fast etwas von einem Fest hatte, als wir dort alle zusammenkamen. Wir gingen einfach davon aus, dass es ein geringfügiger, einzelner Zwischenfall im Nordturm war.

Und dann krachte das zweite Flugzeug in den Südturm.

Zwar waren beide Türme so konstruiert, dass sie sich bei Sturm zur Seite neigten, aber das hier war etwas ganz anderes. Als sich plötzlich der Boden unter meinen Füßen verschob, hatte ich das Gefühl, das Gebäude würde einfach umkippen und uns alle mit in den Tod reißen. *Ich sterbe! Ich sterbe!*, dachte ich. Aber dann überkam mich plötzlich ein tiefer Friede. Ich wusste, dass alles in Ordnung war, wenn ich in diesem Augenblick sterben würde. Mir war nicht nur vom Verstand her klar, dass ich in den Himmel kommen würde, sondern ich konnte es auch fühlen. Dann richtete sich das Gebäude wieder auf, und plötzlich hatte ich andere Gedanken. Ich wusste mit absoluter Gewissheit, dass ich hier herauskommen würde.

Nachdem das Flugzeug in unseren Turm gestürzt war, strömten alle Menschen zu dem Treppenhaus auf der Nordostseite, das am weitesten von der Stelle entfernt lag, in die das Flugzeug gerast war. Ich hatte aber das Gefühl, dass Gott mir sagte, ich solle zu dem Treppenhaus gehen, das dem Flugzeug am nächsten lag. Ich öffnete also dort die Tür zum Treppenhaus und sah, dass alles frei war. Es war beleuchtet, und der Weg war nicht durch Trümmerteile versperrt. Ich schrie laut: „Hier ist alles frei!", und etwa fünfzig Leute kamen daraufhin zu mir. Ich ging vor den Menschen her die Treppe hinunter und redete ihnen zu, nicht an den Weg zu denken, der noch vor uns lag. Als wir dann in der fünfzehnten Etage angekommen waren, schlug ich vor, die Stockwerke rückwärtszuzählen, so wie Silvester die letzten Sekunden des Jahres: „Fünfzehn! … Vierzehn! … Dreizehn …"

Genau um 9.26 Uhr verließen wir das Gebäude. Die Polizeibeamten, die uns in Empfang nahmen, gaben uns alle denselben

Rat: „Schauen Sie nicht nach oben. Telefonieren Sie nicht mit Ihrem Handy. Gehen Sie einfach weiter und bleiben Sie nicht stehen." Ich folgte ihren Anweisungen und ging mit gesenktem Kopf, den Blick fest auf meine Füße gerichtet, etwa einen halben Block weit. Als ich dann doch irgendwann stehen blieb und mich umdrehte, erstarrte ich. Die Leute standen auf der Straße und beteten; die Feuer in den beiden Türmen loderten hoch in den Himmel, und es herrschte absolutes Chaos. Ich stand allein mitten auf der Straße und konnte nur die Türme anstarren. Das ist *Armageddon,* dachte ich. Was um Himmels willen ist passiert?

„Laura! Laura!" Da rief irgendjemand meinen Namen. Ich sah, dass ein Freund auf mich zukam, der beratend für meine Bank tätig war, aber dessen Büro sich nicht im World Trade Center befand. Er war nicht im Turm gewesen, als die Flugzeuge hineingekracht waren, und deshalb war er viel besser darüber informiert, was los war. „Geh am besten nach Hause. Die meisten Leute hier wissen nicht, wie sie nach Hause kommen sollen, aber du hast es nicht weit, du wohnst in Manhattan, und noch fährt die U-Bahn."

Es war mir noch gar nicht in den Sinn gekommen, nach Hause zu gehen, aber was er sagte, leuchtete mir absolut ein. Wir standen keine hundert Meter von einem U-Bahn-Eingang entfernt, und so tat ich genau, was mir dieser von Gott gesandte Schutzengel gesagt hatte. Gegen 9.50 Uhr ging ich die Treppen zur U-Bahn-Haltestelle hinunter und auf den Bahnsteig. Dort brauchte ich nur etwa eine Minute auf die Bahn zu warten, die langsam in die Station einfuhr. Ich bekam sogar noch einen Sitzplatz. Das war die letzte Bahn, die an diesem Tag diese Haltestelle anfuhr. Um 9.59 Uhr stürzte der erste Turm ein. Hätte mein Freund mich nicht gedrängt, die Gegend zu verlassen, hätte ich wahrscheinlich zu denen gehört, die vor der Staubwolke und herumfliegenden Trümmerteilen, die mit beinah 500 Stundenkilometern aus den Türmen geschleudert wurden, davonlaufen mussten. Ich kenne viele Leute, die körperlich und psychisch schwer traumatisiert sind, weil sie dort in der Nähe der beiden Türme auf der Straße waren, als die Gebäude einstürzten. Sie rannten um ihr Leben und suchten Deckung hinter Autos; sie atmeten den Staub ein, der überall war und alles bedeckte; und sie mussten mit Entsetzen mit ansehen, wie Menschen aus dem Nordturm sprangen. Ich könnte endlos weitererzählen.

Mein Freund Tom, der noch kurz seine Frau anrufen wollte, stieg nur etwa drei Minuten nach mir in den Aufzug und befand sich noch darin, als das Flugzeug in den Turm einschlug. Wäre ich mit ihm gegangen, hätte ich genau wie er nicht überlebt.

Diese Erkenntnis hat mich vermutlich am meisten verändert. Zu wissen, dass Gott mich in Sicherheit brachte und er mich in dieser ganzen Katastrophe bewahrte, hat mich verändert. Das war mir gar nicht sofort klar, sondern es hat zwei Jahre gedauert, bis ich annehmen und mich darauf einlassen konnte, was Gott an diesem Tag für mich getan hat. Und mit dem Annehmen dieses Geschenkes hat er mich auch davon befreit, meine Arbeit zu meinem Götzen zu machen. Im World Trade Center zu arbeiten, war für mich nämlich zum Symbol dafür geworden, dass ich ganz oben angekommen war, und dieses Symbol gab es jetzt nicht mehr. Es war einfach weg. Ich hatte keinen Ort mehr weit oben, an dem ich mich verstecken konnte. Und dadurch wurde mir bewusst, dass ich endlich frei war, mich von Gott so einsetzen zu lassen, wie ich es mir immer gewünscht hatte. Ich veränderte mich beruflich sowie mein gesamtes Leben.

Ich hatte nie zu einer christlichen Gemeinschaft gehört, aber jetzt schloss ich mich einer an, weil ich Hilfe brauchte bei der Umstellung, nicht mehr an der Wall Street zu arbeiten. Irgendwann wurde ich Leiterin einer Gruppe und etwas später vollzeitliche Mitarbeiterin. Ich nahm an meinem ersten Missionseinsatz teil und danach noch an vier weiteren. Ich arbeitete in unterschiedlichen Bereichen der Gemeinschaft mit und wurde mit der Zeit immer häufiger als Referentin bei christlichen Veranstaltungen im ganzen Land eingeladen.

Gott benutzte ein Ereignis, das für mich zur Tragödie hätte werden können, und machte etwas Wunderbares daraus. Heute arbeite ich in einem Beruf, in dem ich der Stadt diene, die damals von den Terroristen zerstört werden sollte. Und dazu wäre es höchstwahrscheinlich nicht gekommen, wenn ich nicht aus meinem angenehmen Leben in der Wall Street herausgerissen worden wäre. Früher war es mein höchstes Ziel, irgendwann leitende Angestellte zu sein. Dort, wo ich jetzt arbeite, habe ich ein viel größeres und umfassenderes Ziel. Ich lebe jeden Tag in dem Wissen, dass Gott mir das Leben gerettet hat. Beinahe hätte ich es verloren, aber in den finstersten Momenten wusste ich, dass Gott da war. Er hat durch den 11. September nicht nur mein Leben verändert, sondern es gerettet.

18
Perfektes Timing

BELINDA HOGSTROM

„Bitte, Herr, tu doch etwas!"

Ich saß auf meinem Bett und betete. Das war eigentlich nichts Ungewöhnliches, aber die Tränen, die mir dabei übers Gesicht liefen, und die geballten Fäuste auf meinem Schoß waren ein Zeichen dafür, dass es hier um etwas sehr, sehr Wichtiges ging.

„Ich brauche ein Wunder, Gott. Ich ertrage den Gedanken nicht, meine beiden kleinen Töchter zu verlieren!"

Ich war es gewohnt, mich an Gott zu wenden, wenn ich verzweifelt war. Und seit mein Mann und ich Pflegekinder betreuten, hatten wir beide gelernt, darauf zu vertrauen, dass Gott uns durch all die Stürme leitete, die unsere Tätigkeit mit sich brachte: von der Spannung und Aufregung, wenn ein neues Kind zu uns kam, bis hin zu der Unsicherheit, die mit unserer fehlenden Erfahrung als Eltern zusammenhing. Vom Luftanhalten jedes Mal, wenn das Familiengericht über das Schicksal eines unserer Kinder entschied, bis hin zu dem Tempo unseres Alltags mit dem Füttern, Anziehen und dem Erziehen der ständig wechselnden Familienmitglieder. Von der Trauer, wenn eines unserer Kinder uns wieder verlassen musste, bis hin zu der vertrauten Spannung und Vorfreude, wenn ein neues zu uns kam – wir hatten gelernt, dass wir mit all dem ohne Gebet nicht fertigwurden.

Aber das hier war etwas anderes. Als ich auf dem Bett saß und betete, da wusste ich, dass ich nicht um Kraft oder Geduld für die nächste Herausforderung betete. Ich konnte nichts mehr tun – ich war absolut machtlos. Gott war meine einzige Hoffnung und ich verließ mich ganz auf ihn.

Ein Jahr zuvor war mein Mann beruflich versetzt worden, und wir waren mit unserem Adoptivsohn in einen weit entfernten Bundesstaat gezogen. Zu diesem Zeitpunkt wurde uns auch klar, dass wir etwas ändern mussten. Wir hatten uns im Laufe der Jahre bereits um zwölf Pflegekinder gekümmert, und als wir nach dem Umzug unsere Sachen auspackten, merkten wir erst, wie unglaublich erschöpft wir waren – körperlich und psychisch. Es dauerte einige Tage, bis wir wieder wussten, wie man atmet, und noch einige weitere Tage, bis wir wieder wussten, wie es sich anfühlt, nachts durchzuschlafen.

Als mein Mann seine neue Stelle antrat, suchten wir für uns ein Haus. Wir wollten nichts Vorübergehendes mehr, sondern etwas, wo wir uns endgültig niederlassen konnten: ein Haus mit einem großen Grundstück und alten Bäumen, aber nah genug an der Stadt, sodass mein Mann ohne Stress pendeln konnte. Es dauerte einige Wochen, aber schließlich fanden wir genau das, was wir gesucht hatten: ein zauberhaftes Haus mit bunten Fensterläden, einer riesigen Veranda vor dem Haus und einem großen Garten, in dem unser Sohn nach Herzenslust toben konnte. Der einzige Haken an dem Haus war, dass es genau auf der anderen Seite des Landkreises lag, die wir uns eigentlich ausgesucht hatten. Das hieß, dass der Arbeitsplatz meines Mannes und auch unsere Gemeinde in einem anderen Landkreis lagen als unser Wohnort, wo wir Steuern zahlten, die öffentliche Bibliothek nutzten und wo unser Sohn zur Schule gehen würde. Aber so entscheidend war das ja auch nicht. Wir ahnten ja nicht, wie entscheidend das eines Tages sein würde.

Nachdem die Fragen nach Arbeit und Wohnen geklärt waren und unser Leben wieder in etwas ruhigeren Bahnen verlief – auch weil wir zu dem Zeitpunkt keine Pflegekinder hatten –, taten wir das, was wohl so ziemlich jeder tut, nachdem er eine Zeit lang aus der Achterbahn des Lebens ausgestiegen ist: Wir beschlossen, wieder einzusteigen. Kaum hatten wir die Umzugskisten ausgepackt, verspürten wir den Drang, auch in dem neuen Bundesstaat wieder Pflegekinder aufzunehmen.

Weil jeder Bundesstaat in den USA ein eigenes Pflegeelternsystem hat, bedeutete das im Grunde, noch einmal ganz von vorn zu beginnen – mit neuen Anträgen, einer erneuten Überprüfung unseres Hintergrundes, erneuten Kursen, Lernen zu Hause und Prüfungen. Während des Abschlussgespräches mit der Sozialarbeiterin erklärten wir, dass wir wegen unseres Adoptivsohnes ein bisschen auf das Alter möglicher Pflegekinder achten müssten.

„Wir hätten gern ein Kind unter zwei Jahren. Gern ein Mädchen; vielleicht sogar Zwillinge!", sagte ich.

Die Sozialarbeiterin quittierte das mit einem etwas gequälten Lächeln und sagte ziemlich humorlos: „Ja, ja – alles klar!" Nun, diese Frau hatte zwar offenbar keinen Humor, aber das ist bei Gott ja ganz anders. Nicht einmal eine Woche später klingelte nämlich bei uns das Telefon und dieselbe Sozialarbeiterin, die uns besucht hatte, sagte: „Ob Sie es glauben oder nicht, wir haben gerade einen Anruf aus der Klinik bekommen. Dort sind Zwillingsmädchen geboren worden, die nicht mit ihrer leiblichen Mutter nach Hause entlassen werden können. Da Sie in demselben Landkreis wohnen, in dem die beiden geboren wurden, wären Sie die perfekte Pflegefamilie für diese Kinder. Könnten Sie die beiden aufnehmen?"

„Ja, natürlich!", antwortete ich, und als ich den Hörer aufgelegt hatte, kreischte ich und jubelte. Dann konnte ich nur ungläubig den Kopf schütteln. Wir waren also „zufällig" genau in den richtigen Landkreis gezogen und hatten „zufällig" genau am Tag zuvor unsere Lizenz als Pflegeeltern bekommen. Welchen klareren Beweis konnte es denn dafür geben, dass hier Gott seine Hände im Spiel hatte?

Die Zwillingsmädchen, die bei uns leben sollten, waren zwei Monate zu früh geboren worden und hatten bei der Geburt nur jeweils ein knappes Kilo auf die Waage gebracht. Deshalb waren sie sofort nach der Geburt auf eine Frühchenstation verlegt und von Ärzten und dem Pflegepersonal aufgepäppelt worden. Eine Zeit lang hatten sie beatmet werden müssen und auch die anderen typischen Probleme von Frühchen waren bewältigt worden. Durch das Zusammenwirken von Wissen und Können der Ärzte und des Pflegepersonals, einem unbändigen Lebenswillen der beiden Babys und der schützenden Hand Gottes hatten sie Gramm für Gramm zugenommen, bis sie schließlich stabil und kräftig genug waren, um aus der Klinik entlassen zu werden … und zwar genau ein paar Tage, nachdem auch ihre Pflegeeltern für sie bereit waren! Es war natürlich Liebe auf den ersten Blick, als ich diese wundervollen kleinen Schätze im Arm hielt.

Die ersten paar Monate waren bestimmt von Schlafentzug, und ich lebte die ganze Zeit wie in einer Art Nebel, sodass ich mich kaum noch daran erinnern kann. Ich weiß allerdings noch gut, wie ich dachte, dass Gott wirklich Humor hat. Ich saß gerade auf dem Sofa und gab dem einen Baby das Fläschchen, stupste dabei das andere in seiner Babywippe an, damit es sachte schaukelte, und las gleichzeitig meinem zweijährigen Sohn etwas vor. Und trotz der körperlichen Müdigkeit war mir ohne jeden Zweifel klar, dass Gott selbst diese beiden kleinen Mädchen in unsere Obhut gegeben hatte. Wir waren also wieder in der Achterbahn unseres Lebens, aber ich wäre nirgends lieber gewesen.

An einem kalten Dezemberabend – die Zwillinge waren erst ein paar Monate alt und noch ziemlich klein – kamen mein Mann und ich spät von einer Weihnachtsfeier nach Hause. Ich trug die beiden ins Haus, ließ sie in den Babyschalen auf dem Wohnzimmerfußboden stehen und setzte mich dazu, weil sie bald aufwachen und ihr Fläschchen bekommen sollten. Ich weiß auch nicht, was mich nach einer Weile dazu veranlasste, zu den beiden hinüberzuschauen, aber als ich es dann tat, merkte ich sofort, dass mit einem der beiden Mädchen etwas nicht stimmte. Sie war unnatürlich bleich und die Lippen waren bläulich verfärbt, wie ich es noch nie zuvor gesehen hatte, und sie atmete nicht.

Als ich sie hochnahm, war sie schlaff wie eine Stoffpuppe und reagierte nicht auf meine Berührung. Ganz automatisch und ohne weiter nachzudenken, begannen meine Hände und mein Mund mit der Wiederbelebung des reglosen Körpers. Natürlich hatte ich schon mehr als einmal den für alle Pflegeeltern obligatorischen Erste-Hilfe-Kurs für Babys und Kinder absolviert. In dem Augenblick war ich unendlich dankbar dafür, dass ich wusste, was zu tun war. Diese Dankbarkeit ist bis heute geblieben.

Die nächsten Momente kamen mir vor wie Stunden. Endlich hustete die Kleine, ihre Haut bekam wieder Farbe und die Lippen wurden wieder rosig. Und dann mussten wir beide weinen.

An den Rest dieser Nacht erinnere ich mich nur noch verschwommen. Panisch fuhren wir in rekordverdächtiger Zeit zur nächstgelegenen Klinik. Es folgte eine schlaflose Nacht, in der ich bei grellem Neonlicht Formulare ausfüllte und unglaublich müde das Aufnahmeprozedere auf der Kinderstation durchlief. Dann blieb nur endloses Warten auf die Untersuchungsergebnisse, während ich versuchte, mich auf das Schlimmste gefasst zu machen. Irgendwann war die Kleine wieder stabil und wir konnten aufatmen.

Ein paar Tage später, als sich das Baby noch im Krankenhaus erholte und beobachtet wurde, erlebten wir einen weiteren unerwarteten Tiefpunkt auf unserer Achterbahnfahrt. Mein Mann arbeitete von zu Hause aus, während ich Windeln im Supermarkt einkaufte. Er war immer mit einem Ohr bei dem Baby, das in seinem Bettchen schlief. Als es ihm nach einer Weile merkwürdig still im Kinderzimmer vorkam, ging er hin, um kurz nach der Kleinen zu schauen. Sie war kreidebleich, hatte blaue Lippen und atmete nicht mehr, genau wie ihre Schwester eine Woche zuvor. Und genau wie ich begann er sofort mit den Wiederbelebungsmaßnahmen.

Als sie schließlich wieder atmete, rief er mich an, und nicht einmal eine Woche nach dem ersten Zwischenfall fuhren wir wieder in rasendem Tempo in die Klinik. Dieses Mal verlief die Genesung allerdings nicht ganz so schnell und problemlos. Zunächst waren die Ärzte ziemlich ratlos, aber dann wurde zum Glück als Ursache für die Atemprobleme eine Infektion erkannt. Nach einer antibiotischen Behandlung, die gut anschlug, konnten wir die beiden wieder mit nach Hause nehmen. Schon nach wenigen Tagen war alles wieder ganz normal.

Eine Sache gibt es, die Pflegemüttern klar sein muss: Sie müssen die Kinder, die ihnen anvertraut werden und die sie bei sich aufnehmen, möglicherweise wieder hergeben. Obwohl wir Pflegemütter das natürlich wissen, schieben wir diese Tatsache gerne in den letzten Winkel unseres Hinterkopfes. Darüber machen wir uns lieber später Gedanken. Viel später.

Bei uns war es allerdings so, dass diese Tatsache kurz nach dem ersten Geburtstag der Zwillinge mit Wucht aus dem Hinterkopf wieder ins Bewusstsein katapultiert wurde. Mein Mann wurde von einer anderen Firma abgeworben und das hieß, dass wir wieder umziehen mussten, wieder in einen anderen Bundesstaat. Es bedeutete auch, dass wir von den Zwillingen Abschied nehmen mussten … es sein denn, sie wurden zur Adoption freigegeben, was ich natürlich von ganzem Herzen hoffte.

Mein Mann und ich waren uns sicher, dass es nur eine Frage der Zeit sei, bis wir die Mädchen endlich adoptieren konnten. Deshalb trat mein Mann bereits seine neue Arbeitsstelle an, Hunderte von Kilometern von uns entfernt. Es war geplant, dass er jeweils an den Wochenenden nach Hause kam, während ich mit den Kindern vorerst noch am alten Wohnort blieb.

Allem Anschein nach hatte Gott meinen Plan nicht richtig verstanden. Seine Vorstellung von perfektem Timing unterschied sich jedenfalls drastisch von meiner.

Monate vergingen. Es gab Komplikationen mit den leiblichen Eltern der Zwillinge, es gab vertagte Gerichtstermine und lange einsame Wochen als alleinerziehende Mutter eines aktiven Dreijährigen und einjähriger Zwillinge, dazu viel zu kurze Wochenenden mit meinem Mann. Nachdem dieser Wahnsinn ein halbes Jahr so angedauert hatte, fand ich mich eines Tages weinend und mit geballten Fäusten auf der Bettkante sitzend wieder. Das Gebet war meine letzte und einzige Hoffnung.

„Bitte, Herr, tu doch etwas! Ich brauche deine Hilfe. Mein Mann lebt und arbeitet in einem anderen Bundesstaat. Mein Sohn braucht seinen Vater. Und ich will hier nicht weg. Bitte, Herr, du weißt, dass ich den Gedanken nicht ertrage, die beiden kleinen Mädchen wieder herzugeben. Wie soll sie denn jemals jemand wieder so lieben können wie ich?"

Völlig in Tränen aufgelöst und mit den Fäusten auf mein Kopfkissen trommelnd, spürte ich, wie eine ganz leise Stimme mir zuflüsterte: *Ich liebe sie noch mehr als du. Vertraue mir.*

Ich stellte mir vor, wie Gott auf meine geballten Fäuste zeigte und mich aufforderte, sie zu öffnen.

Konnte ich es wagen? Konnte ich loslassen? Konnte ich ihm meine beiden kleinen Schätze wirklich anvertrauen? Zögernd tat ich es: Ich öffnete meine Fäuste und ließ los.

Ich informierte die Sozialarbeiterin, dass wir in einen anderen Bundesstaat zögen, setzte mich wegen des Hausverkaufes mit einem Makler in Verbindung und machte mich dann an die gigantische Aufgabe, unser Hab und Gut in Kisten zu verpacken. Dabei betete ich ununterbrochen um ein Wunder. Ich wusste, dass Gott dieses Wunder tun konnte, aber die Frage war, ob er es auch wollte.

Unser Haus wurde schnell verkauft, und danach gab es auch keinen Aufschub mehr. Ich wappnete mich innerlich für den Tag, von dem ich wusste, dass er rasch näher rückte, den Tag, an dem ich von meinen beiden kleinen Mädchen würde Abschied nehmen müssen.

Ich war bereit, das zu tun, was Gott wollte. Das hieß aber noch lange nicht, dass mir das auch gefiel. Ich war es leid, das Achterbahnfahren.

Und dann geschah doch noch das Unerwartete. Die leiblichen Eltern der Zwillinge, die so lange und so erbittert darum gekämpft hatten, ihre Kinder zurückzubekommen, verzichteten plötzlich – völlig freiwillig – auf ihre elterlichen Rechte. Das bedeutete, dass die Kinder jetzt keine Pflegekinder mehr waren, sondern zur Adoption freigegeben. Doch die Zeit war knapp – vielleicht zu knapp. Es waren nicht einmal mehr dreißig Tage bis zum vertraglich vereinbarten Termin der Hausübergabe an die neuen Eigentümer, und wenn die Adoptionspapiere nicht rechtzeitig fertig wurden, konnte es immer noch sein, dass wir die Zwillinge nicht adoptieren konnten und wir ihnen für immer würden Lebewohl sagen müssen. Der Fall wurde schnell vom Jugendamt an die Adoptionsstelle weitergeleitet. Dadurch war jetzt eine andere Sozialarbeiterin für die Kinder zuständig, und es wurde noch einmal ein neues Gutachten über unseren familiären Hintergrund erstellt.

Schließlich fiel alles auf geradezu übernatürliche Weise an seinen Platz. Das atemberaubende Finale in Gottes Timing sah dann so aus, dass an demselben Tag, an dem die Sozialarbeiterin von der Adoptionsstelle mit uns das letzte Abschlussgespräch in unserem Haus führte, der Umzugswagen vorfuhr und unser in Kisten verpacktes Leben einlud.

Gott hatte wirklich ein Wunder getan. Weil er Gott ist und souverän, hätte er auch entscheiden können, nichts zu tun, eine andere Familie für die beiden Mädchen zu finden und mit der Zeit mein Herz zu heilen.

Ich bin so unendlich dankbar dafür, dass er das nicht getan hat! Stattdessen wollte er auf wundersame Weise eingreifen und mich dazu bringen, meine geschlossenen Fäuste zu öffnen, damit er sie mit unendlich Gutem füllen konnte.

Die Achterbahnfahrt war wirklich herzzerreißend, aber auch aufregend und faszinierend. Und ich würde die wilde Fahrt gegen nichts auf der Welt eintauschen.

19
Im Himmel gemacht

MICHELLE EIGEMANN

Ich lag auf der Untersuchungsliege im abgedunkelten Ultraschallraum, starrte an die Decke und versuchte, nicht zu weinen, während die Ärzte über das Kind sprachen, das in mir heranwuchs. Einer nach dem anderen fällte sein Urteil. Sie sammelten Fakten wie Automechaniker, die über ein Auto mit Totalschaden sprechen.

„Sein Genick ist gebrochen."

„Er hat eine extrem verkrümmte Wirbelsäule. Sein Kopf liegt auf seinem Po."

„Siehst du den Fleck hier? Irgendwas ist mit seiner Blase."

„Da ist viel zu wenig Fruchtwasser. Der Fötus kann sich nicht richtig entwickeln."

Ich gab mir Mühe, nicht zu weinen, aber lange würde ich das nicht mehr durchhalten können.

Als das Licht in dem Untersuchungsraum wieder eingeschaltet wurde, rieten mir alle Spezialisten dringend zu einem Schwangerschaftsabbruch. Das sei sowohl für mich als auch für meinen Sohn das Beste, hieß es. Außerdem riet man mir zu einer genetischen Untersuchung, um herauszufinden, woran die Missbildung des Fötus liegen könne und welche Risiken möglicherweise für künftige Schwangerschaften bestünden.

Ich war zu dem damaligen Zeitpunkt noch sehr jung und nicht verheiratet. Weder ich noch der Vater des Jungen, der in mir heranwuchs – oder anscheinend eben nicht heranwuchs –, verstand richtig, was los war. Wir waren beide ziemlich durcheinander und hatten keine Ahnung, wie es weitergehen sollte. In diesem Gefühl absoluter Überforderung stimmten wir dann den Tests zu, die von den Ärzten empfohlen wurden. Danach wurden wir nach Hause geschickt und man sagte uns, wir sollten die Ergebnisse abwarten.

Als ich an diesem Abend ein Bad nahm, tat ich etwas, das ich noch nie zuvor getan hatte: Ich betete. Ich hatte keine Ahnung, was es bedeutet, mit Gott zu leben, aber ich hatte schon Leute darüber reden gehört. *Ob er wohl hört, dass ich hier mit ihm rede?* Ich wusste es nicht. Aber ich hoffte sehr, dass er mir zuhörte, als ich ihm in meinem dunklen Badezimmer meine ganze Verzweiflung vor die Füße warf.

„Ich weiß nicht, was du mit meinem Leben vorhast, Gott, und ich weiß auch nicht, was du dir für das Leben des Babys hier in meinem Bauch wünschst, aber wenn dieses Baby leidet und wenn es zu schwach ist, um zu kämpfen, dann möchte ich es dir gerne zurückgeben. Ich werde immer seine Mama sein, und ich werde es ewig lieben und vermissen, aber bitte, wenn es leidet, dann lass es dir und nicht mir gehören."

Ich empfand auf der Stelle einen inneren Frieden, und ich war mir in dem Moment ganz sicher, dass mein Baby geboren werden würde. Ob es wohl gesund sein würde? Das wusste ich zwar nicht, aber es würde auf jeden Fall die Geburt überstehen und auf die Welt kommen. Das hatte Gott mir zugesagt.

Drei Tage später war ich wieder im Krankenhaus, um die Ergebnisse der genetischen Tests zu erfahren. Ihnen zufolge war mit meinem Sohn genetisch alles in Ordnung. Es waren keinerlei Auffälligkeiten oder Abweichungen festzustellen. Ich lächelte, holte tief Luft und sagte dann die Worte, die ich stundenlang eingeübt hatte:

„Ich werde das Baby nicht abtreiben. Ich will es behalten."

Aus irgendeinem Grund waren all die anwesenden Mediziner darüber sehr überrascht. Es gab Diskussionen, heftige Worte, drastische Warnungen, vor allem in Bezug auf das Risiko, das ich da einginge. Man sagte mir, auch wenn mit meinem Sohn genetisch alles in Ordnung sei, hätte die Ultraschalluntersuchung unheilbare

Schädigungen gezeigt, durch die er nicht einmal die Geburt überleben werde. Erneut wurde ich in den abgedunkelten Raum gebracht und aufgefordert, mich auf die Untersuchungsliege zu legen, wo man mir das kalte Kontaktgel auf dem Bauch verteilte. Dann begann der Arzt mit der Ultraschalluntersuchung.

Ich merkte sofort, dass etwas nicht stimmte, denn der Arzt wirkte plötzlich extrem angespannt. Die gleitenden Bewegungen, mit denen er den Schallkopf über meinen Bauch führte, veränderten sich und sein Atem ging schneller.

„Was?", fragte ich. „Was ist? Was ist los?"

„Ich bin gleich wieder zurück", antwortete er und verließ den Raum. Und bevor ich mich versah, war er auch schon wieder da, und das Untersuchungszimmer war voller Ärzte, die sich um das Ultraschallgerät scharten und ein Duftgemisch teurer Aftershaves verströmten. Dann herrschte Stille. Doch schließlich wurde diese Stille durch die schönsten Worte unterbrochen, die ich jemals gehört habe.

„Es ist ein Wunder."

Sie sagten und zeigten mir dann auch, dass der Hals meines Babys nicht gebrochen war. Die Wirbelsäule des Kleinen war nicht mehr gekrümmt. Mit großen Augen schaute ich zu, wie die Ärzte mir meinen perfekt aussehenden Sohn aus allen erdenklichen Perspektiven zeigten. Da wusste ich mit größerer Gewissheit als je zuvor, dass dieser Junge geboren werden würde.

Das ist jetzt siebzehn Jahre her, mein Sohn ist inzwischen in der zehnten Klasse. Er muss mit vielen Herausforderungen fertigwerden, aber ich habe keinerlei Zweifel daran, dass Gott etwas Großes mit ihm vorhat. Das Leben ist zwar nicht immer einfach für ihn, aber Gott erinnert unsere Familie stets daran, dass es unser Weg ist, auf dem wir unterwegs sind, auch wenn er herausfordernd ist. Und wir glauben, dass Gott denen alles zum Besten dienen lässt, die ihn lieben.

Was mit mir ist? Es hat zwar eine Weile gedauert, aber mittlerweile habe ich eine persönliche Beziehung zu Gott. Ich bin überzeugt, dass Gott uns nachgeht und uns zu einer Beziehung mit ihm einlädt. Er verändert uns, und er liebt uns.

20
Der Hund, das Huhn und die Bombe

DAVID NEWKIRK

Es war ein Abend, von dem ich wusste, dass ich ihn niemals vergessen würde. Ich hatte auf der Anzeigetafel zugesehen, wie die Sekunden abliefen, hatte gespürt, wie meine Aufregung die Müdigkeit besiegte, und hatte erlebt, wie die gegnerischen Spieler wegen einer schmerzvollen Niederlage den Kopf hängen ließen. Von der Tribüne her hatte ich die Anfeuerungsrufe und den ungezügelten Jubel meiner Freunde und meiner Familie gehört und gewusst, dass wir als Mannschaft einen unglaublichen Sieg errungen hatten. Besser konnte ein Basketballspiel nicht sein.

Die einzelnen Ereignisse dieses Abends verschmolzen miteinander. Erst wurde in der Kabine und auf dem Parkplatz gefeiert, dann folgte die Heimfahrt zum Haus meiner zukünftigen Verlobten. Danach fuhr ich zum Haus der Studenten-WG, in der ich lebte und wo meine sieben Mitbewohner eine haarkleine Beschreibung jeder einzelnen Spielszene von mir verlangten, während sie gleichzeitig Videospiele spielten. Da ich mittlerweile schon seit etwa fünf Stunden in meinem schweißnassen Trikot herumlief, sprang ich erst einmal unter die Dusche und konnte es kaum erwarten, mich endlich in mein Bett fallen zu lassen und zu schlafen.

Zwanzig Minuten nachdem ich meinen Kopf auf das Kissen gelegt hatte, schoss ich aus dem Tiefschlaf hoch. Ich saß aufrecht im Bett und war plötzlich hellwach, hatte aber keine Ahnung, wodurch ich geweckt worden war. Was war passiert? War jemand in meinem Zimmer? War die Sirene gegangen?

Bete für Daniel.

Was?

Dann hörte ich es noch einmal, klar und deutlich in meinem Kopf: *Bete für Daniel.*

Ich bin schon fast mein ganzes Leben lang Christ und mit Geschichten über Gott groß geworden. Ich weiß also, dass man besser keine Diskussionen anfängt, wenn man durch eine intensive Aufforderung zum Beten aus dem Schlaf gerissen wird. Also betete ich für meinen Bruder Daniel.

Bevor ich weitererzählen kann, muss ich erst noch etwas über Daniel sagen. Er ist jemand, den man gemeinhin als zerstreuten Professor bezeichnet. Er ist der klügste Mensch, den ich kenne, aber er verläuft sich schon, wenn er nur eine Straße überqueren will. Da Daniel dreieinhalb Jahre älter ist als ich, haben wir als Kinder und Jugendliche miteinander gespielt, sind zusammen gewandert, haben gezeltet, kleine Kämpfe ausgetragen, gestritten und das Haus unserer Eltern verwüstet. Er hat mir zwei Mal die Nase gebrochen und ich habe ihm drei Mal einen Schneidezahn ausgeschlagen. Wir stehen uns also sehr nah.

Als ich in der besagten Nacht plötzlich aus dem Schlaf gerissen wurde, war Daniel im Nahen Osten unterwegs. Der 11. September hatte gerade die gesamte westliche Welt erschüttert, und mein Bruder meinte, billiger würde er nie wieder in den Nahen Osten kommen. Deshalb war er zu einer Reise an den Jordan, nach Syrien, Ägypten, in die Türkei und nach Israel aufgebrochen. Er fand die Aktion absolut genial, während wir anderen nicht begeistert waren.

Ich hatte seit etwa einer Woche nichts mehr von Daniel gehört, aber da er einen Meter neunzig groß und fast hundert Kilo schwer ist, konnte er eigentlich ganz gut selbst auf sich aufpassen. Als ich aber mitten in der Nacht diese Stimme in meinem Kopf hörte, die mich aufforderte, für ihn zu beten, wusste ich sofort, dass es wichtig war und dass ich unbedingt für ihn beten sollte.

Im Haus war es absolut still, als ich im Dunkeln betete. Über eine Stunde lang bat ich Gott, meinen Bruder zu beschützen, ihm Engel schützend zur Seite zu stellen, Gefahr abzuwenden und ihn vor Schaden und Leid zu bewahren. Und genauso plötzlich, wie mir das Adrenalin ins Blut geschossen war und mich geweckt hatte, wurde ich wieder von Gottes Frieden erfüllt und schlief ein.

Am nächsten Morgen rief ich meine Eltern an.

„Hast du etwas von Daniel gehört?", fragte meine Mutter mich sofort und stellte damit genau die Frage, die ich auch gerade hatte loswerden wollen. Jetzt machte ich mir wirklich Sorgen.

„Nein, Mom, ich habe nichts von ihm gehört, aber gestern Nacht bin ich plötzlich aufgewacht und wusste, dass ich für ihn beten muss."

„Genau das Gleiche ist mir auch passiert! Ich bin wach geworden und wusste, dass ich für Daniel beten sollte. Und gerade eben habe ich mit deiner großen Schwester gesprochen, und sie ist auch ganz plötzlich aufgewacht und hatte das Gefühl, sie sollte für ihn beten."

Keiner von uns wusste Genaueres, und weil Daniel nicht an sein Handy ging, taten wir das Einzige, was uns blieb: Wir warteten weiter ab, beteten und vertrauten darauf, dass der Gott, der uns in der Nacht geweckt hatte, jetzt auch bei Daniel war, was auch immer er gerade erlebte.

Zwei oder drei Stunden nachdem ich mit meiner Mutter gesprochen hatte, bekam ich eine E-Mail. Als ich Daniels Namen sah, hatte ich das Gefühl, als ob die Zeit stehen bliebe. Dann las ich, was er mir geschrieben hatte.

AN: David Newkirk; Mom & Dad; Kari Newkirk
BETREFF: Vergangene Nacht

Letzte Nacht war ich in Israel. Ich war sehr müde. Weil ich nicht mehr viel Geld hatte, beschloss ich, in einem Park zu übernachten.

Ich fand eine leere Bank in der Nähe einer Bushaltestelle und rollte meinen großen alten Mumienschlafsack aus, um den David und ich uns früher immer gestritten haben. Ich war echt ziemlich platt. Es muss schon fast Morgen gewesen sein – obwohl es sich anfühlte wie mitten in der Nacht –, als ich wohl das unheimlichste Erlebnis meines Lebens hatte. Ich war ganz in meinen Schlafsack gekrochen und hatte den Reißverschluss so hochgezogen, dass nur noch mein Gesicht herausschaute, als ich urplötzlich durch das wütende Knurren und Bellen eines Hundes wach wurde. Ich versuchte, aus meinem Schlafsack herauszukommen, der jetzt für mich zu einer Falle geworden war. Doch ich konnte einfach nicht den Schieber des Reißverschlusses finden. Und dieser irre Hund stand vor der Bank, auf der ich lag, und knurrte und bellte. Ich konnte an nichts anderes denken, als dass ich mich ganz sicher nicht von einem wütenden Hund würde fressen lassen! Irgendwann – ich lag inzwischen schweißgebadet in meinem Schlafsack – bekam ich dann doch den Reißverschluss auf, sprang aus dem Schlafsack und war bereit, mich gegen den Hund zu verteidigen. Der Hund benahm sich wie besessen, aber erst als ich mich ein paar Schritte von der Bank entfernte, sah ich, weshalb er sich so aufführte. Der Grund dafür war gar nicht ich, sondern ein Huhn, das sich unter der Bank verkrochen hatte. Ich beruhigte mich daraufhin ein bisschen – und versuchte, mich selbst davon zu überzeugen, dass ich mich nicht um die beiden kümmern musste. Dann wollte ich sie verscheuchen, aber sie ignorierten mich und setzten ihren Kampf um die Bank fort. Frustriert und inzwischen ziemlich ausgekühlt gab ich auf. Ich packte meine Sachen zusammen und zog auf einen Picknicktisch um, der etwa 50 Meter weiter im Park stand.

Ich wachte schließlich wieder auf, als mir die Sonne direkt ins Gesicht schien, und packte meine Sachen zusammen. Immer noch ziemlich müde saß ich da, machte mir mit kaltem Wasser einen Pulverkaffee und schaute zu, wie die Sonne am Himmel höher stieg. Gerade als ich mir überlegte, wohin ich wohl meine Landkarte in dem Durcheinander in der Nacht gesteckt hatte, wurde ich durch eine Explosion zu Boden geschleudert.

Ich schaute hinüber zur Straße und sah einen brennenden Bus.

Vor dem Bus sah ich statt der Bank, auf der ich mich in der Nacht zuvor niedergelassen hatte, nur noch ein Wirrwarr aus verdrehten Metallstreben und Beton. Die Bank selbst – oder das, was davon noch übrig war – war quer durch den Park geschleudert worden. Wenn dieser stinkende Hund und das Huhn nicht gewesen wären …

Da waren drei Menschen aus dem Schlaf gerissen worden, um für jemanden zu beten, der in einen Winterschlafsack eingemummelt auf einer von einem Hund und einem Huhn heiß umkämpften Parkbank lag, die nur wenige Stunden später von einer Bombe in die Luft gejagt werden sollte. Was konnte diese verrückte Geschichte über Bewahrung und Fürsorge anderes sein, als von Gott so inszeniert?

21
Ein Engel in Krankenschwesterkleidung

KRYSTINA POTTER

Es passierte vermutlich zum ersten Mal in einer Sportstunde in der Schule. Ich war sieben Jahre alt und spielte in der Sporthalle Basketball. Ohne Vorwarnung war plötzlich alles, was ich sah, von einem gelben Schleier überzogen, und mein Herz raste so heftig, dass ich das Gefühl hatte, es würde mir jeden Moment aus der Brust springen. Als ich an mir herunterschaute, konnte ich sehen, wie sich mein T-Shirt in meinem Herzrhythmus bewegte. Mir wurde schwindelig, und mir stand Schweiß auf der Stirn. Erst kam mir das alles ganz unwirklich vor, aber als ich merkte, dass das Herzrasen nicht wieder aufhören wollte, geriet ich in Panik. Ich rief meine Lehrerin und wurde sofort zur Schulkrankenschwester geschickt. Nachdem sie mir kaltes Wasser ins Gesicht gespritzt hatte, hörte das Herzrasen auf. Aber das war erst der Anfang von etwas, das sich als richtig traumatisch erweisen sollte.

Ein Jahr nach diesem Vorfall wurde bei mir das Wolff-Parkinson-White-Syndrom diagnostiziert. Die meisten Kinder in dem Alter, in dem ich damals war, rennen gern viel und tollen herum, und bei solchen wilden Aktivitäten ist es normal, wenn die Herzfrequenz ansteigt. Mein Herz dagegen raste einfach so, ohne einen Grund. Es konnte sein, dass mein Herz im Sitzen urplötzlich raste. Jeden Tag hatte ich Angst, denn die Anfälle kündigten sich nicht an und waren unberechenbar. Mir war der Gedanke an den Tod immer gegenwärtig, und ich hatte ständig das Gefühl, mit einem Makel behaftet zu sein.

Im Alter von zwölf Jahren war ich schon bei so vielen Ärzten gewesen und hatte in so vielen sterilen Wartezimmern gesessen, dass ich mich bereits an die Geräuschkulisse in Krankenhäusern gewöhnt hatte: an das Piepsen von Überwachungsgeräten, das leise Gemurmel von Schwestern und Ärzten im geschäftigen Krankenhausalltag, an das Gestöhn und Weinen der Patienten. Ich wartete auf eine Katheterablation. Das klingt vielleicht harmlos, ist es aber nicht. Bei diesem Eingriff werden einem nämlich Elektroden in den Brustkorb eingeführt, um gezielt bestimmte Gewebebereiche zu veröden, die falsche elektrische Impulse senden. Wenn das brutal klingt, dann wohl deshalb, weil es tatsächlich brutal ist. Erschwerend kam noch hinzu, dass diese Methode erst bei sehr wenigen Kindern angewendet worden war; die Ärzte befanden sich noch ganz am Anfang eines Lern- und Erfahrungsprozesses.

Als ich nach dem Eingriff aus der Narkose aufwachte, bekam ich im ersten Moment keine Luft. Es fühlte sich an, als ob in meiner Brust ein Feuer brannte, und es lag ein solcher Druck auf meinem Brustkorb, dass es mir Angst machte. Ich sah einen mit Blut gefüllten Schlauch aus meiner Brust ragen, und als mein Blick am Verlauf des Schlauches entlangglitt, stellte ich fest, dass er mit einem Apparat verbunden war, der seltsam gurgelnde Geräusche von sich gab. Der Eingriff war nicht gut verlaufen. Gar nicht gut. Der Narkosearzt hatte versehentlich eine Nadel zu weit in die Arterie geschoben, die unter dem Brustbein verläuft, sodass die Lunge kollabiert war.

Ich war danach auf eine Intensivstation für Erwachsene verlegt worden, damit ich möglichst gut überwacht werden konnte. Da lag ich nun also als Zwölfjährige auf einer Intensivstation für Erwachsene, umgeben von schwer herzkranken Menschen. Manche hatten einen Herzinfarkt gehabt, andere lagen im Koma. Meine Angst wuchs von Minute zu Minute.

In der ersten Nacht lag ich allein in meinem Zimmer, hatte furchtbare Schmerzen wegen des Schlauches in meiner Brust, und der Apparat neben meinem Bett machte unablässig dieses laute Geräusch, das mich ängstigte. Jeder Atemzug machte mir Mühe, und ich fürchtete mich immer schon vor dem nächsten. Ich wollte nach Hause und fragte mich, was ich wohl Schlimmes getan hatte, dass ich das hier verdient hatte. Noch nie in meinem ganzen Leben hatte ich mich so allein gefühlt.

Ich horchte auf die Geräusche aus den umliegenden Zimmern und versuchte, etwas zu finden, worauf ich mich konzentrieren konnte und was mir Hoffnung gab. Plötzlich nahm ich ein neues Geräusch wahr. Das regelmäßige Piep-Piep-Piep der Geräte im Nebenzimmer, das die ganze Zeit zu hören gewesen war, brach ab und wurde von einem einzelnen langen Piepton abgelöst. Jemand schrie: „Notfall! Notfall!", und innerhalb von Sekunden wurden die Worte über die Lautsprecher an der Decke wiederholt. Ich hörte, wie Leute ins Nebenzimmer gerannt kamen, horchte auf die Stimme des Mannes, der im Nebenzimmer lag, aber er schien keinen Mucks von sich zu geben. Die Schwestern sprachen sehr ernst und in kurzen, abgehackten Sätzen. Und dann war plötzlich Ruhe. Ich wusste, dass der Mann gestorben war und fragte mich, ob jetzt wohl jemand kommen und ihn abholen würde.

Ich war völlig entsetzt und hatte panische Angst.

Kurz darauf erschien eine Gestalt in der Tür meines Zimmers. Es war eine Schwester, die ich bis dahin noch nicht gesehen hatte. Sie sagte, sie heiße Karen, setzte sich neben mich auf die Bettkante und hielt mich einfach fest. Karen hatte sehr helle Haut und Unmengen von Sommersprossen. Nie werde ich ihr weiches, lockiges rotes Haar vergessen, die Brille mit den dicken Gläsern und ihre leise, beruhigende Stimme, mit der sie mir dann etwas vorlas. Sie blieb den Rest des Abends bei mir und beruhigte und tröstete mich. Ich fühlte mich absolut beschützt und behütet. Noch nie zuvor hatte ich einen solchen inneren Frieden erlebt, und irgendwann schlief ich tatsächlich ein.

Am nächsten Morgen war Schwester Karen weg. Als mein Vater mich später besuchte, erzählte ich ihm von Karen, wie nett sie gewesen war und wie sie mir geholfen hatte. Wie es wahrscheinlich die meisten Eltern getan hätten, ging er daraufhin zum Schwesternzimmer, um sich bei ihr zu bedanken. Als er sie den anderen Schwestern mit meinen Worten beschrieb – das Haar, die Sommersprossen, die Brille und dass sie so nett gewesen sei, die ganze Nacht bei mir zu bleiben –, sahen ihn die Schwestern nur erstaunt an und schüttelten den Kopf.

Es habe dort noch nie eine Schwester Karen gearbeitet, die so aussehe.

Ich bin heute dreiunddreißig Jahre alt. Dieses Erlebnis hat mich unglaublich geprägt. Seit dem ersten Eingriff habe ich noch zwei weitere dieser Art über mich ergehen lassen müssen. Meine Lunge ist nicht noch einmal kollabiert, und die Erinnerung an Karen war mir jedes Mal eine große Hilfe. Man hat mir gesagt, dass meine Krankheit sehr selten ist und dass die Symptome schlimmer werden können, wenn ich älter werde. Aber immer wenn ich daran denke, kommt mir Karens Gesicht in den Sinn, und zwar genauso klar und deutlich wie damals an jenem Tag im Jahr 1992, und dann fühle ich mich immer sehr getröstet. Ich weiß, dass ich in der Hand meines himmlischen Vaters bin. Wenn er bei mir ist, bin ich nie allein.

22

Gott sei Dank – für nicht erhörte Gebete

RALPH UND BETTY WHIPPS

Als Ralph in der Scheune von einem Kugelhagel wach wurde, der sich anhörte wie ein Silvesterfeuerwerk, wusste er, dass es nur einen Ausweg gab. „Kamerad", rief er in gebrochenem Deutsch. „Ich ergebe mich."

Sergeant Ralph Whipps hatte in diesem Krieg schon viel Schreckliches erlebt. Er war Uferböschungen in der Normandie hochgerobbt, hatte in der Schlacht im Hürtgenwald sein Leben riskiert und viele Männer in Schützengräben und auf Tragen der Sanitäter sterben sehen. War es jetzt so weit, dass auch er einer der vielen Gefallenen dieses Krieges werden würde? Wenn es so war, dann wollte er wenigstens eine Antwort auf die eine Frage haben, die ihn in den vergangenen drei Jahren permanent begleitet und beschäftigt hatte: Warum waren so viele seiner Gebete nicht erhört worden? Warum hatte er auf seine Bitte – seinem Land als Pilot dienen zu dürfen, sein Leben neben den Männern zu opfern, mit denen zusammen er ausgebildet worden war – nicht nur Schweigen, sondern ein klares und endgültiges Nein bekommen?

Auf dem Hof vor der Scheune war es dunkel. Nachdem Ralph von den Deutschen seine Ausrüstung abgenommen worden war, musste er warten, bis sie das Dorf nach weiteren Amerikanern durchsucht hatten. Er wusste, dass sie niemanden finden würden, denn er war allein gewesen, als er am Abend zuvor in das Dorf gekommen war. Von seiner Einheit getrennt, erschöpft und völlig ausgelaugt von dem monatelangen Kampf ums Überleben, hatte

Ralph seiner körperlichen und seelischen Erschöpfung nachgegeben und sich schlafen gelegt. Er hatte nicht gebetet, dass alles schnell vorüber sein möge, aber vielleicht war dies ja das Ende, das Gott für ihn die ganze Zeit im Sinn gehabt hatte. Er verstand es zwar nicht, aber er verstand so vieles an diesem Krieg nicht.

***

Ralph war den weiten Weg aus Columbus im US-Bundesstaat Ohio gekommen, einer Gegend mit Maisfeldern, so weit das Auge reichte. Schon als Kind wollte er unbedingt fliegen, und seine Hoffnungen und Gebete wurden beinah erfüllt, als er der Luftwaffenabteilung der Marine zugewiesen wurde. Doch beinah reichte eben nicht, und obwohl seine Testergebnisse nicht schlecht waren, genügten sie nicht, um für die letzte Trainingsphase zugelassen zu werden. Ralph konnte zwar schon 60 Flugstunden nachweisen, aber er bekam nicht sein Pilotenabzeichen. Für Ralph Whipps gab es keinen Platz in einem Flieger.

Trotz dieses Rückschlags war er bereit, auch in der Infanterie zu dienen, als der Einberufungsbescheid kam. Die Grundausbildung schweißte Ralph und seinen Zug zusammen, und durch diese Zeit der Grundausbildung wurden auch das Zusammengehörigkeitsgefühl, das gegenseitige Vertrauen und die Freundschaft zwischen den Männern gestärkt. Das war für den Erfolg – ja fürs Überleben – von entscheidender Bedeutung. Als das Regiment eingeschifft wurde, sagte man Ralph, er sei nicht dabei. Er müsse noch in Florida bleiben und den nächsten Schwung Rekruten ausbilden, bevor er dann mit diesen zusammen eingeschifft würde. Wieder stand Ralph vor einer Tür, die sich unerwartet geschlossen hatte, und vor der Frage, warum dies alles so geschah. Als er erfuhr, dass die Kameraden aus seinem ehemaligen Zug am 6. Juni 1944 bei der Operation Utah Beach mitgekämpft und dreitausend Soldaten der alliierten Streitkräfte ihr Leben im flachen Wasser und im blutgetränkten Sand verloren hatten, wurden Ralphs Fragen nur noch lauter.

***

Es war jetzt wieder still. Die deutschen Soldaten, die ihn gefangen genommen hatten, sahen müde und abgeschlagen aus. Ralph wusste, dass ihm nichts anderes übrig blieb, als sich ihrem Befehl zum Abmarsch zu fügen, obwohl sie sich schon auf dem Rückzug vor den Truppen der Alliierten befanden.

Als sie durch die Dunkelheit marschierten, ging Ralph noch einmal alles durch den Kopf, was er während des Krieges bisher erlebt hatte. Er erinnerte sich an die beiden Verwundungen, durch die er zwei Mal die Front verlassen konnte. Zuerst waren seine Hände von Granatsplittern zerfetzt worden, als er versucht hatte, den Bomben zu entkommen, die auf die Ruinen von Saint-Lô gefallen waren. Danach war er sehr durcheinander gewesen und die Verwundung hatte ihm Angst gemacht, aber er war auch dankbar gewesen. Angst hatte er gehabt, weil ihm deutlich geworden war, dass durch den Krieg jede einzelne Sekunde seine letzte sein konnte. Dankbar war er gewesen, weil er bis dahin noch nicht ernsthaft verletzt worden war. Aber da waren immer noch die unerhörten Gebete; es blieb immer die Frage nach dem Warum.

Nachdem seine Hände so weit geheilt waren, dass er wieder ein Gewehr halten konnte, wurde Ralph zu seinem Zug zurückgeschickt, der jetzt in Hürtgenwald stationiert war. Dies war eine fünfzig Quadratkilometer große Todeszone mit steilen Bergen, tiefen Schluchten und Feindangriffen. Über einhunderttausend Soldaten waren in die Wälder gezogen, und zu Tausenden wurden ihre Leichen wieder herausgetragen. Als neben Ralph eine Mine explodierte, verspürte er in einem Bein einen heißen, stechenden

Schmerz: Sein Bein war völlig zerfetzt. Wenn er überleben wollte, musste er sich zwingen aufzustehen und zurück hinter die Linien humpeln, vorbei an unzähligen gefallenen Soldaten.

Die Verwundungen, die Ralph davongetragen hatte, und auch die unsäglichen Gräuel, die er miterlebt hatte, ließen seine Fragen nur noch lauter werden. Warum ließ Gott das zu? Wenn all die Gebete, er möge Pilot werden dürfen, nicht erhört worden waren, warum verlief sein Lebensweg dann trotzdem immer in so unmittelbarer Nähe des Todes, so als wäre sein Leben mit dem Tod verwoben? Spielte da jemand mit ihm wie eine Katze mit einer verletzten Maus?

Während er sich in Cherbourg in Frankreich in einem Zeltlazarett von seiner Verwundung erholte, suchte Ralph in der Bibel nach Antworten. Psalm 37 gehörte zu seinen Lieblingstexten, und die Anweisung, sich keine Sorgen zu machen, sondern Gott zu vertrauen, still zu sein und auf Gott zu warten, berührten sein Herz tief. Er sang auch und erfüllte den Raum um seine Pritsche mit Liedern des Glaubens und der Hoffnung.

Und dann geschah es. Es offenbarte sich ihm der erste Schimmer einer Antwort – ihr Name war Betty Jean Carter. Sie war Krankenschwester, aber für Ralph war sie ein Engel mit haselnussbraunen Augen. Wenn sie ihm die Wunden verband, unterhielten sie sich, und durch all die intensiven Gespräche entwickelte sich eine Freundschaft. Wenn Ralph und Betty miteinander redeten – besonders, wenn es um ihren gemeinsamen Glauben ging –, dann spürte Ralph, wie seine Fragen zur Ruhe kamen, und zwar nicht, weil Betty eine Ablenkung war, sondern weil sie sich ganz genau die gleichen Fragen stellte wie er.

Genau wie Ralph hatte auch Betty ihrem Land dienen wollen, und zwar bei der Marine. Man hatte ihr aber gesagt, dass sie durch ihren leichten Überbiss wahrscheinlich besonders anfällig für Seekrankheit sei.

Als Betty dann schließlich doch den Atlantik überquerte, war sie eine der wenigen Schwestern, die nicht seekrank wurden. Im Gespräch mit Betty stellte sich heraus, dass zwischen Ralphs Austritt aus dem Marinekorps und Bettys merkwürdigem Ablehnungsbescheid von der Marine nur zwei Wochen gelegen hatten.

Betty hängte ihr Herz erneut an eine ganz bestimmte Aufgabe, schmiedete Pläne und betete dafür. Sie wollte unbedingt in einem Feldlazarett an der Front arbeiten. Wieder bekam sie ein Nein, und zu ihrer Überraschung fand sie sich eines Tage weit weg von der Front in Cherbourg wieder – zusammen mit Ralph.

Dreißig Tage nachdem Ralph in Bettys Obhut gekommen war, bekam er einen neuen Befehl. Er wurde zur weiteren Genesung in eine Einrichtung in England verlegt, wo er seine Verletzung ganz auskurieren sollte, damit er danach zu einem Zug an der Front stoßen konnte. Am Abend, bevor er aus dem Lazarett entlassen werden sollte, rief er Betty zu sich an sein Bett. Er hielt ihr einen Ring hin, den er an seiner Hundemarke getragen hatte, und sagte: „Wenn dieser Krieg vorbei ist und wir wieder zu Hause sind, Betty, willst du mich dann heiraten?"

„Natürlich, Ralph! Natürlich will ich das", antwortete sie.

***

Fünf Tage lang marschierte Ralph, und mit jedem Schritt entfernte er sich weiter von Betty und der einzigen Sache, die im Zusammenhang mit all den Fehlstarts und geschlossenen Türen einen Sinn ergab. Irgendwann fand Ralph heraus, wohin er von den Deutschen gebracht wurde – nach München –, und als sie dort ankamen, wurde er mit zwei anderen amerikanischen Soldaten zusammen in eine Zelle gesperrt. Seine schlimmsten Befürchtungen bestätigten sich, als er erfuhr, dass sie alle drei am nächsten Morgen erschossen werden sollten.

Andere hätten vielleicht an diesem Punkt einfach aufgehört zu beten, aber nicht Ralph. Er fiel auf die Knie und verharrte in dieser Position, bis er und die beiden anderen Soldaten am nächsten Morgen aus der Zelle geholt wurden. Weil Sirenengeheul einen Luftangriff ankündigte, herrschte große Panik und ein unglaubliches Durcheinander, und als die Stadt irgendwann nicht mehr von amerikanischen Bomben erschüttert wurde, wurden Ralph und die anderen beiden von den übrigen Gefangenen getrennt und mussten Richtung Norden in das Kriegsgefangenen-Mannschafts-Stammlager VII A (kurz: Stalag VII A) marschieren.

Weil Ralph ohnehin schon sehr geschwächt und erschöpft war, gab ihm der Marsch dorthin den Rest. Seine Füße schmerzten unerträglich, und seine aufgesprungenen Lippen schrien förmlich nach Wasser. Wenn nicht ein freundlicher und mutiger deutscher Soldat gewesen wäre, der einfach den Befehl eines SS-Offiziers missachtete, wäre Ralph direkt neben der Straße erschossen worden. War das ein Hoffnungsschimmer oder nur eine weitere Wendung der langsamen Abwärtsspirale zum Tod? Warum ließ Gott das alles zu? War Betty die Zukunft, die Gott für ihn vorgesehen hatte, oder war sie nur ein kurzes Intermezzo vor dem letzten Akt gewesen?

Doch das Schlimmste sollte erst noch kommen. In dem berüchtigten Kriegsgefangenenlager erlebte Ralph einen Albtraum aus Krankheit, Unterernährung und Verzweiflung. Als er sich bei einer Gefangenenrevolte am Finger verletzte, entwickelte sich daraus eine Entzündung, und weil es in dem Lager weder Ärzte noch Medikamente gab, kochte ein Mitgefangener einen Topf Wasser auf und zwang Ralph, seinen verletzten Finger hineinzuhalten. Der Schmerz der Verbrühung an dem verletzten Finger war so entsetzlich, dass Ralph das Bewusstsein verlor und zu Boden fiel. Gott sei Dank gab sein Freund nicht auf, und eine Woche später war die Entzündung abgeklungen. Doch Ralph war nur noch ein Schatten seiner selbst. Sollte sein Leben tatsächlich so enden?

Nein, das sollte es nicht.

Am 1. Mai 1945, einen Monat nachdem er gefangen genommen worden war, befreiten die Alliierten die achttausend Soldaten, die im Stalag VII A gefangen waren. Endlich konnte Ralph mit den Warum-Fragen aufhören. Er konnte heimkehren und sich auf die Suche nach der Antwort machen, von der er wusste, dass es die richtige war.

Fünf Monate später heirateten Betty Jean Carter und Ralph Whipps. Siebenundsechzig Jahre später – mit sieben Kindern, achtzehn Enkeln und zwölf Urenkeln – bringt die Suche der beiden nach Gott inmitten von großem Leid immer noch Frucht. Und obwohl im Laufe dieser Suche so viele Menschen ihr Leben verloren, ist die Geschichte von Ralph und Betty eine Geschichte darüber, wie treu Gott ist und wie er sich um uns kümmert, auch wenn das unser menschliches Verstehen übersteigt.

Von einer Verwundung genau zum richtigen Zeitpunkt über eine Versetzung an genau den richtigen Ort bis hin zu einem deutschen Soldaten, der bereit war, einem amerikanischen Soldaten das Leben zu retten, reichte Gottes Plan. Und dabei wurde deutlich, dass Gott auch die nicht erhörten Gebete, das Schweigen und die verschlossenen Türen einsetzte, um seinen Willen geschehen zu lassen. Ralphs und Bettys verständliche Zweifel, Fragen und Enttäuschungen haben ihren Glauben daran, welche Macht Gott zum Handeln hat, nicht schwächen können. Und in jeder neuen Wendung können wir ein Augenzwinkern des allgegenwärtigen Gottes sehen, der immer hinter den Kulissen wirkte und es auf geheimnisvolle Weise bis heute tut.

23
Der Fremde in der Nacht

KATHLEEN KOHLER

„So kannst du nicht weitermachen, Ben. Du lebst wie eine Kerze, die an beiden Seiten angezündet worden ist. Dein Körper ist doch keine Maschine." Ben war siebzehn und ich wusste – wie alle Mütter, die einen Teenager dazu bringen wollen, seinen Lebensstil zu ändern –, welche Antwort ich darauf bekommen würde.

„Ach Mama, lass gut sein, mir geht es gut", sagte er und machte eine Geste mit der Hand, als wolle er meine Bedenken beiseiteschieben. „Du machst dir viel zu viele Sorgen", fügte er noch hinzu, als er zur Haustür hinausrannte, um sich auf den Weg zu seinem Schülerjob zu machen. Ich sah, wie er in seinen Pick-up stieg.[3] Er hinterließ eine Staubwolke, als er den Weg vom Haus zur Landstraße zurücklegte, die in die etwa 35 Kilometer entfernte Stadt führte. Es war offenbar sehr viel mehr als ein einminütiger Vortrag nötig, um ihn zur Vernunft zu bringen. Also tat ich das, was ich schon so oft zuvor getan hatte: Ich sprach ein schnelles Gebet in der Hoffnung, dass Gott sich um die Sicherheit meines Sohnes kümmerte.

Ich verhielt mich genau wie andere Mütter, und Bens Einstellung war genau die gleiche wie die seiner Freunde. In dem Alter glauben doch alle Teenager, dass sie unbezwingbar sind, und Ben hatte eine ungeheure Arbeitsbelastung, um das unter Beweis zu stellen. Seit zwei Jahren arbeitete er neben der Schule in einer Firma für Landschafts- und Gartenbau, für die er an den Nachmittagen in der Woche Aufträge erledigte. Nach dem Kauf seines Pick-ups hatte er

3 In vielen US-Bundesstaaten können Jugendliche den Führerschein bereits mit 16 oder 17 Jahren erwerben.

noch einen zusätzlichen Job im Kino angenommen, um die Autoversicherung bezahlen zu können.

An dem besagten Abend war ich nachts um halb eins immer noch wach und horchte auf das vertraute Geräusch von Bens Wagen auf der Auffahrt. Auch mein Mann Leon hatte sich schon Sorgen gemacht, weil Ben immer noch nicht wieder zu Hause war, aber er hatte irgendwann ins Bett gehen müssen, weil er am nächsten Tag arbeiten musste. Jetzt lag er schnarchend neben mir. Mittlerweile war Ben schon eine halbe Stunde zu spät dran, und ich bekam kein Auge zu.

Um halb zwei hörte ich, wie jemand an die Haustür pochte, und ich saß sofort senkrecht im Bett. Ich rannte aus dem Schlafzimmer und fragte mich, ob Ben wohl seinen Haustürschlüssel vergessen hatte und wieso um Himmels willen er überhaupt so spät kam. Als ich durchs Wohnzimmerfenster auf der Veranda eine Gestalt sah, war es nicht Ben, sondern ein Polizist.

Nachdem ich ihm geöffnet hatte, fragte er mich, ob ich Bens Mutter sei.

„Ja, ich bin seine Mutter“, hörte ich mich sagen, wie in einem Film, der in Zeitlupe abgespielt wird. „Ist alles in Ordnung mit ihm?“

„Ihr Sohn hatte einen Unfall, aber er lebt“, sagte der Beamte. Ben sei bereits in der Klinik, aber man wisse noch nichts über seinen Zustand.

„Den Reifenspuren nach zu urteilen hat er gar nicht versucht zu bremsen“, sagte der Polizist.

„Er ist bestimmt eingeschlafen“, war das Einzige, was ich unter Tränen herausbrachte.

„Ihr Sohn hat mächtig Glück gehabt“, berichtete der Polizist weiter. „Wenn er dreißig Meter weiter von der Straße abgekommen wäre, dann wäre er jetzt mit Sicherheit tot.“

Ich kannte die Stelle, die der Polizist beschrieben hatte. Wie viele Straßen in unserem Bundesstaat führte auch die von unserem Haus zu Bens Arbeitsstelle durch dichten Wald. Ben war in einem Abschnitt von der Straße abgekommen, wo der Wald an beiden Seiten der Straße von einem kleinen Stück Sumpfland unterbrochen war. Hatte Ben Glück gehabt? Ich war überzeugt, dass das mit Glück nichts zu tun hatte.

Später erfuhren wir, was tatsächlich passiert war. Wie ich schon vermutet hatte, war Ben nach dem langen, anstrengenden Arbeitstag auf der schnurgeraden Straße nach Hause eingeschlafen. Sein Wagen war von der Straße abgekommen und eine steile Böschung hinunter in den Sumpf gestürzt. Mehrere Glasstücke aus der Windschutzscheibe hatten sich in seinen Schädel gebohrt, und er hatte eine zwölf Zentimeter lange Schnittwunde an der rechten Kopfseite. Als er mehrere Meter über sich Scheinwerferlicht hatte vorbeihuschen sehen, war ihm klar gewesen, dass die einzige Chance auf Hilfe darin bestand, aus dem Autowrack herauszuklettern und es nach oben bis zur Straße zu schaffen in der Hoffnung, dass ein vorbeikommendes Auto ihn mitnehmen würde.

Der Wagen lag auf der Beifahrerseite im Sumpf, und durch den Aufprall war die Tür verzogen und hatte sich nicht öffnen lassen. Ben hatte sich quer auf die Fahrerbank gelegt und mit aller Kraft gegen das Sonnendach getreten, und schließlich hatte er sich befreien können. Er war aus dem Wrack gekrochen, mit einem Platsch auf dem wasserbedeckten Sumpfgras gelandet und hatte sich dann blutüberströmt und völlig durchnässt den Weg die Böschung hinauf zur Straße gekämpft.

Da Ben die Strecke schon unzählige Male gefahren war, wusste er, dass die nächste Stelle, von wo aus er Hilfe bekommen könnte, eine unbemannte Feuerwache der freiwilligen Feuerwehr in etwa acht Kilometer Entfernung war. Er machte sich taumelnd und immer noch wie betäubt durch die Schmerzen und den heftigen Aufprall auf den Weg und hoffte, die Station noch rechtzeitig zu erreichen.

Nach etwa einer Viertelstunde hörte Ben, wie von hinten ein Auto näher kam. Als er sich umdrehte, sah er Autoscheinwerfer, und dann hielt der Wagen ein paar Meter vor ihm auf dem Kies des Seitenstreifens. Ben erzählte dem Fahrer, was passiert war, und bevor sie losfuhren, versorgte der Mann noch notdürftig Bens Verletzungen. Dann half er ihm ins Auto und fuhr ihn zur Wache der freiwilligen Feuerwehr, wo er den Alarm auslöste. Nachdem der Fremde Ben außerhalb des Gebäudes auf den Boden gesetzt hatte, war er genauso schnell wieder verschwunden, wie er aufgetaucht war.

Zwanzig Minuten später waren die ersten Feuerwehrleute da und versuchten, die Blutungen an seinem Kopf zu stillen. Sie riefen einen Krankenwagen, der Ben in die nächste Klinik brachte. Dort bekam er schließlich die dringend benötigte Bluttransfusion.

Als Leon und ich im Krankenhaus ankamen, lag Ben in grellem Neonlicht auf einer Liege in der Notaufnahme. Durch das Gewirr von Schläuchen, Nadeln, Infusionen, Ärzten und Schwestern lächelte er mir zu und sagte: „Es ist alles in Ordnung, Mom. Es geht mir gut."

Seine Stimme zu hören und mit eigenen Augen zu sehen, dass er am Leben war, löste eine wahre Tränenflut bei mir aus. Im nächsten Augenblick lockerten sich auch meine völlig verkrampften Schultern und die innere Anspannung legte sich.

„Da hat wirklich jemand auf ihn aufgepasst", sagte der Arzt in der Notaufnahme. „Eine Viertelstunde später und er wäre verblutet."

Stunden später, als die Schnittwunde an Bens Kopf genäht war, konnten wir ihn wieder mit nach Hause nehmen. Ein paar Tage lang versuchten wir, den Mann ausfindig zu machen, der Ben zu der Feuerwache gefahren hatte. Wir wollten uns bei ihm bedanken und fragten überall herum, ob jemand den Mann kannte, der in dieser Nacht unseren Sohn aufgelesen hatte. Seltsamerweise konnte keiner aus dem Ort, der immerhin nur etwa dreihundert Einwohner hat, den Mann identifizieren.

Wir haben nie herausgefunden, wer es war. Ob er einfach nur ein unbekannter Fremder war oder ein Schutzengel, bleibt ein Geheimnis. Mit Sicherheit wissen wir nur, dass sowohl durch die Stelle, an der der Unfall passierte, als auch durch das rechtzeitige Eintreffen dieses Fremden Ben auf ganz wunderbare Weise gerettet wurde.

24
Aus heiterem Himmel

UNBEKANNT

Ich machte die Schlafzimmertür auf und sah meinen Mann auf dem Bett liegen. Ich dachte, er schliefe tief und fest, aber als ich ihn aufwecken wollte, rührte er sich nicht. Dann sah ich auf dem Nachttisch die leere Tablettenschachtel und den Brief, der an unsere Kinder gerichtet war. Mein Mann hatte an sie geschrieben: „Es tut mir leid, aber das ist kein Leben."

Jahrelang hatte er mit Depressionen zu kämpfen gehabt. Im Laufe der Zeit hatten wir beide beobachtet, dass die Depressionen im Winter etwas nachließen. Wenn dann aber die Tage wieder länger wurden und die Sonne am Himmel höher stieg, waren sie wieder mit aller Heftigkeit da.

Ich stand im Schlafzimmer vor dem leblosen, aber noch atmenden Körper, während draußen vor dem Fenster die Sonne vom strahlendblauen Himmel schien. Für die meisten Menschen ist so ein Wetter ein Grund, das Leben zu feiern. Bei meinem Mann hatte es dazu geführt, den Tod zu wählen. Ich schüttelte ihn und versuchte verzweifelt, ihn wach zu bekommen, aber vergeblich. Er war bewusstlos. Wie in Trance, immer noch die leere Tablettenschachtel und den Zettel umklammernd, rannte ich nach draußen, wo mein Sohn Holz hackte. Er sah mich kommen und wusste sofort, was los war. Gleich darauf rannte er zum Haus, schrie, dass jemand den Notruf wählen solle, und blieb dann bei seinem Vater, bis der Rettungswagen kam. Die Zeit wurde knapp.

In dieser Geschichte geht es weniger um das Wunder, dass mein Mann seinen Selbstmordversuch überlebt hat. Es geht nicht um die Tatsache, dass ich die leise Stimme Gottes hörte, die mich drängte, nach meinem Mann zu schauen und ihn zu fragen, ob er frühstücken wolle, statt ihn einfach in Ruhe zu lassen. Und es geht auch nicht um die Tatsache, dass die Rettungssanitäter rechtzeitig genug da waren, um meinen Mann mit Sauerstoff zu versorgen und ihn dann zum Rettungshubschrauber zu bringen, der ihn ins nächstgelegene Krankenhaus flog. Nein, in meiner Geschichte geht es um die wunderbare Art, wie Gott für uns gesorgt hat, als wir beide versuchten, uns von diesem Ereignis zu erholen.

„Gott sorgt für alles." Ich kann gar nicht sagen, wie oft ich diese Worte gehört habe. Pastoren, Sänger, Freunde und sogar irgendwelche Fremde – alle habe ich es sagen hören. Vielleicht liegt es an meiner Parkinsonkrankheit, dass für mich diese Worte schwer zu verstehen waren. Vermutlich habe ich erst nach dem Selbstmordversuch meines Mannes, den darauffolgenden Monaten der Behandlung und ganz besonders durch die Arbeit an unserer Ehe endlich verstanden, was es wirklich bedeutet zu wissen, dass Gott für alles sorgt.

Als der Rettungshubschrauber mit meinem Mann unterwegs war, packten wir schnell ein paar Sachen zusammen und machten uns auf den Weg zum Krankenhaus. Einige Zeit später kamen wir im Wartebereich der Klinik an, wo wir weinend und uns immer wieder gegenseitig umarmend darauf warteten, dass mein Mann aufwachte. Die Zeit verging unendlich langsam, und mir gingen die ganze Zeit Fragen durch den Kopf. Warum tat jemand seiner Familie so etwas an? Wie würde er sich fühlen, wenn er wieder aufwachte? Ob er wohl dankbar sein würde oder eher enttäuscht? Würde er sich schämen oder einfach nur sauer sein?

Die Stunden vergingen und es versammelten sich immer mehr unserer Freunde und Verwandten im Wartebereich vor dem Aufwachraum. Als mein Mann schließlich zu sich kam, entschuldigte er sich unter Tränen bei jedem, der da war. In den nächsten Stunden erfuhr er sehr viel Zuwendung, Liebe und Zuspruch.

In den folgenden Wochen besuchte ich ihn jeden Tag im Krankenhaus. Während dieser Zeit bekam mein Mann Elektroschockbehandlungen und Gesprächstherapie, und es wurde getestet, auf welches Antidepressivum er am besten ansprach. Die Ärzte wollten ihn nicht entlassen, bevor er sich selbst nicht sicher genug fühlte, wieder zu Hause zu leben – damit er nicht wieder sich oder jemand anders verletzte. Doch das alles dauerte seine Zeit. Zeit, die alten Gewohnheiten und Denkweisen zu durchbrechen und Beziehungen neu aufzubauen, die durch seine Depressionen gelitten hatten.

Wir verstanden zwar beide, wie wichtig es war, dass er erst einmal in der Klinik blieb, aber uns war auch klar, dass sich mit jeder Woche die Rechnungen für den Klinikaufenthalt und die Medikamente zu Hause höher stapelten. Zwar wurde ein Teil der Kosten von der Krankenversicherung übernommen, aber nicht alles. Bei hohen Rechnungen wie diesen waren auch die paar Prozent, die wir selbst übernehmen mussten, so viel Geld, dass mir angst und bange wurde. Ich war ja arbeitslos und litt an einer schweren chronischen Krankheit – wie sollten wir es da jemals schaffen, die Schulden abzubezahlen? Es sah alles ziemlich düster aus.

Irgendwann während dieser Zeit sprach ich mit meiner besten Freundin aus der Schulzeit über meine Sorgen, wie ich das alles bezahlen und wie wir die Situation überstehen sollten, ohne unterzugehen. Daraufhin sagte sie, ich solle nur immer daran denken, dass Gott für alles sorge. Und wenn es mir recht sei, würde sie ein paar Freunde bitten, für uns zu beten. Ich stimmte dem zu.

Ein paar Tage nach diesem Gespräch rief mich meine Freundin an und sagte, es sei alles geregelt. Ein alter Freund von uns, der eine unglaublich erfolgreiche Firma hatte, habe sich bereit erklärt, alle Kosten für die medizinische Behandlung meines Mannes zu übernehmen. Er wolle den Menschen, die ihm im Laufe seines Lebens wichtig gewesen seien, etwas zurückgeben – er habe das Geld bereits überwiesen.

Ich war völlig von den Socken. Noch nie hatte ich solche Freundlichkeit erlebt. Das Geld reichte für alle medizinischen Kosten und den Lebensunterhalt für weitere anderthalb Jahre Arbeitslosigkeit. Wenn ich jemals in meinem Leben an Gottes Liebe und Versorgung gezweifelt hatte, dann wurde ich jetzt eines Besseren belehrt. Gott hatte wirklich für alles gesorgt – und wie!

Diese Großzügigkeit veränderte unser Leben auf vielerlei Weise. Nicht nur, weil ich mir keine finanziellen Sorgen mehr zu machen brauchte und mich ganz um meinen Mann während seiner Genesung kümmern konnte. Nein, diese Großzügigkeit hat auch meinen Umgang mit der Not anderer verändert. Ich erkenne schneller, wenn andere in Not sind, und ich bin schneller bereit zu helfen – auch materiell. Jetzt verstehe ich den Spruch „Geben ist seliger als Nehmen".

Ich habe außerdem gelernt, keine Angst zu haben oder mich nicht zu schämen, wenn ich gerade schwere Zeiten durchmache, sondern darüber zu sprechen. Ich habe gelernt, über das zu sprechen, was mir Mühe macht, und über meine Schwächen. Wenn ich diese Kämpfe und Mühen für mich behalten hätte, dann hätte ich sehr viel unglaublichen Segen verpasst. Dann hätte ich nicht aus erster Hand gelernt, dass Gott wirklich für alles sorgt. Ich hätte nicht erfahren, wie wahr die Worte aus Jakobus 4,2 sind: „Solange ihr nicht Gott bittet, werdet ihr nichts empfangen."

25

Gerettet!

STEVE KALISZEWSKI

Meine frühsten Erinnerungen sind Erinnerungen an ein chaotisches Leben. Als ich zehn war, hatte ich schon einen Selbstmordversuch hinter mir und war von einem älteren Jungen aus der Nachbarschaft sexuell missbraucht worden. Jeden Tag wurde ich ausgelacht und von Kindern in der Schule verspottet, beleidigt und gedemütigt, und jeder Tag begann und endete mit einer unglaublichen Anspannung, die zu Hause in jedem Raum herrschte. Ich wollte ganz einfach nicht mehr leben.

Mit der Zeit lernte ich einige Tricks, die mir halfen, mit all dem umzugehen, aber in Wirklichkeit machten diese Tricks alles nur noch schlimmer. Ich lächelte und lachte beispielsweise, weil ich so verbergen wollte, wie unglaublich viel Mühe es mich kostete, überhaupt meinen Alltag zu bewältigen. Dadurch zeigte sich mir aber nur noch mehr, wie unglücklich ich war. Ich war so wenig wie möglich zu Hause, doch das gab mir letztlich nur das Gefühl, dass ich nirgends hingehörte. Meine Familie lobte mich für meine Erfolge oder behauptete, ich sei ihr Liebling, und ich versuchte, alle ihre Erwartungen zu erfüllen. Doch auf diese Weise wurde mir nur umso bewusster, wie wertlos ich mich tief in meinem Herzen fühlte.

Kurz nach meinem Schulabschluss ließen sich meine Eltern scheiden. Mit ihrer Trennung trat auch bei mir eine Veränderung ein. Ich gab anderen Menschen die Schuld für meine Probleme und weigerte mich, Verantwortung für mein Handeln zu übernehmen. Während meines Studiums gehörte ich zu einer coolen Studentenverbindung, und zum ersten Mal in meinem Leben wurde ich beachtet, anerkannt und war beliebt. Ich nahm alles mit, was sich mir bot: Partys, Alkohol, Drogen, Frauen, Aufmerksamkeit und einen angesehenen Status. Ich hoffte, dass dadurch mein Schmerz nachlassen würde, aber das war ein Trugschluss. All die Exzesse machten mir nur umso deutlicher, wie groß die innere Leere war, die ich empfand.

Ich glaubte, all dem entkommen zu können, indem ich freiwillig Marinesoldat wurde, und in gewisser Weise war es auch so. Aber dann lief nicht alles so, wie ich es mir vorgestellt hatte. Ich kam zu einer Infanterieeinheit und wurde im Irak stationiert. Dort, wo wir eingesetzt waren, kämpften wir nicht nur gegen einzelne Männer, sondern gegen ein ganzes Dorf. Unsere Feinde stellten sogenannte *Dreistöcker* her – das waren selbst gebaute Sprengfallen, die aus drei übereinandergesteckten Artilleriegeschossen bestanden und in den Boden eingegraben wurden, um dann genau in dem Augenblick zu explodieren, wenn ein amerikanischer Konvoi darüberfuhr. Solche Artilleriegeschosse sind sehr zerstörerisch. Sie können sich das ungefähr so vorstellen: Drei etwa 60 Zentimeter lange Patronen mit etwa 25 Zentimeter Durchmesser und einem Gewicht von je zwanzig Kilo werden an einer Stelle vergraben und explodieren dann. Dagegen hat nicht einmal ein gepanzerter Geländewagen der US-Armee eine Chance.

Einmal fanden wir bei einer speziellen Mission jede Menge feindliche Waffen, die vernichtet werden sollten. Mein Team stellte C4-Sprengkörper um den Waffenfund herum auf, während ich den Verkehr vor Ort aufhielt, damit kein Fahrzeug zu nah an die Stelle herankam, wo die Sprengung stattfinden sollte. Als ich dabei zusammen mit meinem Späher eine Straße überquerte, um die Absperrung zu errichten, krächzte mein Funkgerät die Meldung: „Fünf Minuten bis zur kontrollierten Detonation." Ich hatte also noch reichlich Zeit, in Deckung zu gehen, bevor die Waffen durch eine gewaltige Explosion vernichtet werden würden. Doch nur etwa zehn Sekunden nach der Durchsage gab es einen so ohrenbetäubenden Knall, wie ich ihn noch nie in meinem Leben gehört hatte. Es stellte sich heraus, dass an der Straße entlang ein Draht verlief, der mit einer anderen, sehr gut versteckten Bombe verbunden war. Als ich mich ihr näherte, hatte ein Iraker diese selbst gebastelte Bombe hochgehen lassen. Mein Team schaute zu, wie durch die Explosion die gesamte zweispurige Straße weggerissen wurde. Ohne auch nur den Hauch eines Zweifels machte sich unser Funker bereit, dem Kommandeur Meldung zu machen, dass ich im Kampf gefallen sei.

Doch das stimmte nicht. Sowohl mein Späher als auch ich waren am Leben. Wir hatten absolut keine Ahnung, was eigentlich passiert war. Ich fand mich unkontrolliert zitternd und auf Knien sitzend etwa sechs Meter neben der Straße wieder. Dann forderte ich meinen Späher auf, mich auf blutende Wunden zu untersuchen, und er wischte mit der Hand einmal vorne und hinten unter meiner Splitterschutzweste entlang, fand jedoch nichts. Nicht einmal einen Kratzer. Aber das konnte unmöglich sein, denn ich hatte mich doch so nah an einer gewaltigen Explosion aufgehalten, dass von mir eigentlich nichts mehr hätte übrig sein dürfen. Alles an mir – außer vielleicht meiner Splitterschutzweste, meinem Helm und meinem Gewehr – hätte eigentlich zerfetzt sein müssen. Ich hätte auf der Stelle tot sein müssen, aber ich lebte.

Drei Monate später musste ich erneut einen Kampf bestehen. Diesmal kämpfte ich mit der Umstellung, in ein Leben als Zivilist zurückzukehren. Das war der schwerste Kampf, den ich jemals zu bestehen hatte. Oft saß ich stundenlang auf dem Sofa und weinte. Ich versuchte zu ergründen, wieso ich noch am Leben war, während so viele meiner Kameraden es nicht geschafft hatten. Der Plan und die Vision für mein Leben nach dem Militär schienen theoretisch ganz sinnvoll zu sein, funktionierten dann aber in der Praxis für mich absolut nicht.

Da ich während des Studiums als Kellner gejobbt hatte, beschloss ich, es jetzt noch einmal damit zu versuchen. Allerdings war der Job überhaupt nicht mehr so, wie ich ihn in Erinnerung hatte. So schrie mich beispielsweise nur wenige Wochen, nachdem ich meine Zeit bei der Armee beendet hatte, eine ältere Dame an, weil ich ihr das falsche Salatdressing gebracht hatte. Damals als Student hätte ich einfach mit den Achseln gezuckt und sie beruhigt, aber dazu war ich nicht mehr in der Lage. Ich konnte nicht mehr vernünftig mit anderen Menschen umgehen und drehte völlig durch. In meiner Fantasie tötete ich die Frau mit einem Handkantenschlag gegen den Hals und stand dann in Siegerpose über ihrer Leiche. Ich wusste, dass ich in der Lage war, so etwas tatsächlich zu tun, und dass es wirklich passieren konnte. In meiner Ausbildung hatte ich gelernt, wie man bei sich selbst solche Aggressivität in Gang setzen kann, aber nicht, wie man sie wieder abstellt.

Ich hatte Angst vor mir selbst. Mitten im Restaurant fing ich an zu zittern und zu weinen, und ich hatte das Gefühl, von einer gewaltigen Welle von Wut erfasst zu werden, weil jeder Schmerz, den ich jemals in meinem Leben erfahren hatte, explosionsartig an die Oberfläche kam. Erschrocken wich ich zurück, blickte nach oben und betete zu Gott: „Ich schaff das hier nicht mehr. Entweder ich bringe mich selbst um oder ich bringe jemand anders um. Du musst hier runterkommen. Du musst mir helfen."

In dem Augenblick, als ich die Worte ausgesprochen hatte, war es, als ob jemand, der mich die ganze Zeit niedergedrückt hatte, plötzlich verschwunden wäre. Eine gewaltige Last war mir genommen worden. Aber das machte mir nur noch mehr Angst, denn ich hatte Gott um Hilfe gebeten, und deshalb konnte es auch nur Gott sein, der mir gerade geholfen hatte. Was hatte ich mir denn eigentlich gedacht? Ich war Alkoholiker, ein Süchtiger, ein Mann, der ständig andere Frauen hatte, der unter Depressionen litt und selbstmordgefährdet war. Wieso hätte Gott mir helfen sollen? Hatte ich es nicht eher verdient, bestraft zu werden, als dass mir jemand half und mich aus meiner Situation rettete?

Doch genau das geschah hier: Ich wurde gerettet. Ich kämpfte mit Gedanken an Mord oder Selbstmord, und genau in diesen Gedanken erlebte ich, wie Jesus Christus mir half. Am absoluten Tiefpunkt eines kaputten Lebens hörte Gott mein Gebet und griff ein. Ich wusste, dass sich dadurch alles geändert hatte, aber ich hatte absolut keine Ahnung, was ich als Nächstes tun sollte. Wie sollte ich auf einen Gott reagieren, den ich gar nicht kannte?

In dem Lokal gab es außer mir noch einen Kellner, einen ehemaligen Soldaten, der ab und zu mit mir über Jesus geredet hatte. Ich erzählte ihm, was passiert war, und noch am selben Abend gingen wir zusammen in ein anderes Restaurant, um zu reden. Er erzählte mir von Jesus – von seiner Geburt, den Wundern, seiner Lehre, seinem Tod und der Auferstehung. Ich war damals achtundzwanzig Jahre alt und hörte zum ersten Mal, was Jesus für uns Menschen getan hat. Es war genau das, wonach ich mein ganzes Leben lang gesucht hatte. Ich war völlig am Ende, aber es war gleichzeitig der Tag, an dem mein Leben begann.

Ich war sehr einsam, doch ich war nicht der Einzige, dem es so ging. Es gibt viele Menschen, die sich fragen, ob sie überhaupt einen Wert haben, die sich fragen, ob dieses Leben nicht mehr für sie bereithält. Vielleicht gehören Sie zu diesen Menschen. Vielleicht müssen Sie einfach nur darauf vertrauen, dass Gott einen Plan für Ihr Leben hat.

Im Laufe der Wochen und Monate nach diesem Abend im Restaurant entdeckte ich die Freiheit, die entsteht, wenn man die Verantwortung für sein Handeln übernimmt, wenn man sich sein Fehlverhalten eingesteht, Jesus um Entschuldigung bittet und eine persönliche Beziehung zu ihm beginnt. Jesus Christus steht bei jedem Schritt, den Sie in Ihrem Leben tun, neben Ihnen und wartet darauf, dass Sie sich ihm anvertrauen – ihm allein. Jesus sagt von sich: „Ich bin der Weg, ich bin die Wahrheit, und ich bin das Leben! Ohne mich kann niemand zum Vater kommen“ (Johannes 14,6). Wahres Leben, ewiges Leben ist nur in Jesus Christus zu finden.

26
Ein rettender Kuss

GARY CROPLEY

Wenn es einen Abend gab, an dem wir unbedingt und auf jeden Fall unsere Frauen zum Essen ausführen mussten, dann war es dieser. Durch die seltsamste Verkettung von Umständen, die ich je erlebt habe, hatten mein Freund und ich einen Entführer und Vergewaltiger verfolgt, gefasst und festgehalten, bis die Polizei da war und ihn festnahm. Aber das ist noch mal eine ganz andere Geschichte. In dieser Geschichte möchte ich von der Dankbarkeit erzählen, die mein Freund und ich Gott gegenüber empfinden, und zwar nicht nur für seinen Schutz in den vorausgegangenen Stunden, sondern auch dafür, dass er uns unsere beiden wundervollen Frauen geschenkt hat.

Wir verbrachten ein gemeinsames Wochenende, das schon lange geplant gewesen war. Wir vier waren gespannt auf diese Zeit inmitten der atemberaubend wilden Landschaft in Oregon im Nordwesten der USA. Wir freuten uns nicht nur auf das Wandern, Reiten und das gemeinsame Essen, sondern auch auf Gespräche, gemeinsames Lachen und Gebet, um dann aufgetankt mit Gottes Liebe und der Liebe unserer Freunde wieder nach Hause zurückzukommen.

Das Essen an diesem Abend in dem Restaurant, das wir ausgesucht hatten, ließ keine Wünsche offen. Als wir danach wieder zu unserer Hütte zurückfuhren, war auch der letzte Rest von Anspannung, der vielleicht zu Beginn des Abends noch zu spüren gewesen war, verschwunden. Wir waren wieder ganz die Alten. Wir lachten über Witze und verhielten uns wie immer. Diesen Moment wollte ich angemessen würdigen und feiern, und deshalb fuhr ich kurz rechts heran und verkündete, es sei jetzt Zeit, unsere wunderbaren Frauen zu küssen – und das taten wir dann auch.

Als wir kurz darauf weiterfuhren, mussten wir alle lachen. Doch schon ein paar Minuten später wurde es plötzlich totenstill im Wagen, denn, wir trauten kaum unseren Augen, die Straße vor uns – genau die Straße, auf der wir noch ein paar Stunden zuvor zum Restaurant gefahren waren – war völlig versperrt. Quer über der Straße lag ein mindestens vier oder fünf Meter hoher Berg aus nasser Erde und Geröll. Der Erdrutsch war ganz knapp an einem Haus vorbeigegangen, aus dem im selben Augenblick eine Frau herausgestürzt kam.

„Ist alles in Ordnung? Niemand verletzt?", fragte sie uns. „Sie sind doch nicht von dem Erdrutsch getroffen worden, oder?"

Wir müssen sehr verwirrt ausgesehen haben, denn die Frau trat an unser Auto und sagte: „Es ist gerade eben vor ein paar Sekunden passiert. Haben Sie den Erdrutsch nicht gesehen?"

Wir waren völlig geschockt. Wenn wir nicht angehalten hätten, um uns zu küssen, dann wären wir genau in dem Augenblick bei dem Haus gewesen, als die Erde abrutschte. Dann wären wir entweder unter all der Erde verschüttet gewesen oder von der Straße den Berg hinuntergeschoben worden. Und in beiden Fällen hätte das wohl unseren sicheren Tod bedeutet.

Es dauerte über eine Stunde, bis wir über eine Umleitung wieder zu unserer Hütte kamen. Unterwegs trafen wir einen Arbeiter von der Straßenwacht, der uns berichtete, wie gewaltig der Erdrutsch gewesen sei. Er fragte, wohin wir unterwegs seien und ob es uns etwas ausmache, dort ein paar Warnhinweisschilder aufzustellen. Als wir endlich unsere Hütte erreichten, war es schon dunkel und es regnete so stark, dass wir die Umgebung nicht mehr genau erkennen konnten. Wir nahmen einfach die Schilder und steckten sie an die erstbeste Stelle, von der wir glaubten, dass sie dort gut sichtbar waren, und dann gingen wir ins Haus.

Am nächsten Morgen gab es reichlich Gesprächsstoff. Wir unterhielten uns über den Kuss, den Erdrutsch und wie knapp wir der Katastrophe entronnen waren. Nach dem Frühstück machten wir uns noch einmal auf den Weg zu der Stelle, wo die Straße ganz weggerissen worden war. Als wir um die letzte Biegung vor der besagten Stelle kamen und aus dem Auto stiegen, blieben wir alle wie angewurzelt stehen. Wir sahen den Erdrutsch, der die Straße versperrte, aber wo war der Rest des Berges unterhalb der Straße? Er war nicht mehr da – er war einfach weggerissen worden. Der Erdrutsch war doch erheblich stärker gewesen, als wir gedacht hatten, und die Straße war dadurch völlig unterhöhlt worden. Es sah aus, als ob ein Riese einmal kräftig hineingebissen und nichts übrig gelassen hätte als eine dünne Scheibe Straßenbelag auf einer noch dünneren Erdsäule.

Weil es so dunkel gewesen war und wir es eilig gehabt hatten, nach Hause zu kommen, hatten wir das gar nicht bemerkt. Als wir am Vorabend den Wagen vor dem Hindernis auf der Straße gewendet hatten, konnten nur Zentimeter zwischen den Hinterreifen unseres Wagens und dem gähnenden Abgrund gelegen haben. Doch wir waren verschont worden. An einem einzigen Abend waren wir mehrmals um ein Haar einer Katastrophe entronnen!

Heute, einige Jahre später, bin ich froh, sagen zu können, dass meine Wochenenden erheblich ruhiger verlaufen. Aber ich denke oft an diesen Kuss zurück und möchte andere ermutigen, auf die kleinen Impulse zu achten, die von Gott kommen. Man weiß nie, wovor sie einen bewahren oder wohin sie einen führen können. Manchmal sind sie ganz offensichtlich, manchmal auch kaum wahrzunehmen. Manchmal können wir anderen Menschen helfen, wenn wir auf die Impulse hören, aber manchmal sind wir auch diejenigen, die bewahrt werden. Wie auch immer solche Situationen ausgehen, unser Gott ist immer da und möchte eine immer engere Beziehung zu uns haben.

27
Gott begegnet uns dort, wo wir gerade sind

VICTORIA RODRIGUEZ

Es war an einem Spätsommertag. Ich lag weinend auf meinem Bett, weil mein Mann und ich uns vor dem Frühstück ein wenig gestritten hatten. Während er draußen war und den Wagen reparierte, sagte ich den Kindern, sie sollten auf ihrem Zimmer spielen, weil ich mich nicht wohlfühlte und ein bisschen hinlegen musste.

Als ich allein auf dem großen Doppelbett in unserem Schlafzimmer lag, sah ich, wie ganz langsam die Tür aufging und meine Tochter hereinlinste, um nach mir zu sehen. Ich winkte sie zu mir und sagte: „Komm, mein Schatz. Komm her und leg dich ein bisschen zu Mama."

Amelie kam herein, schloss die Tür hinter sich, kam zu mir aufs Bett und kuschelte sich in meine Arme. Nach einer Weile sagte sie: „Warum weinst du denn, Mama?"

„Ach, du weißt doch, was ich für eine Heulsuse bin, mein Schatz."

„Aber warum?" Sie wischte mir die Tränen ab. „Du brauchst doch nicht zu weinen, Mama. Ich hab dich doch lieb!"

Ach, meine liebe Kleine! Sie war schon immer besorgt um mich gewesen und wusste immer im richtigen Moment das Richtige zu sagen. Ich gab ihr einen dicken Kuss und sagte ihr, dass ich sie auch lieb hätte. Dann ging sie aus dem Zimmer, und ich legte mich wieder hin. Ein warmes, wohliges Gefühl umgab mich.

Als ich schließlich aus dem Schlafzimmer kam, stand Amelie schon an der Tür, hielt ein Blatt Papier vor mir hoch und sagte, von einem bis zum anderen Ohr grinsend: „Hier, Mama, das ist für dich.“ Auf dem Blatt Papier waren zwei Strichmännchen zu sehen – die sie und mich darstellen sollten – und darüber die Worte: *Ich hab dich lieb. Du bist die beste Mama.* Ich sagte ihr, wie sehr es mir gefalle, woraufhin sie verkündete, sie werde es an die Kühlschranktür hängen, damit ich es immer sehen könne.

Mein Mann und ich vertrugen uns wieder und wir beschlossen, an den Fluss zu fahren und dort zu grillen. Als ich auf dem Sofa saß und mir meine Schuhe anzog, hörte ich mit einem Ohr ein Gespräch zwischen Amelie und ihrem kleinen Bruder Toby im Nebenzimmer mit.

„Ich kann es gar nicht erwarten, bis ich tot bin, Amelie“, sagte Toby. „Dann komme ich nämlich in den Himmel und bin bei Jesus. Und dann bin ich sooo glücklich!“

„Nein, Toby“, erwiderte Amelie darauf. „Du stirbst nicht; du siehst Jesus nicht!“ Und dann in einem richtig prahlenden Tonfall: „Weil ich nämlich Jesus zuerst sehe!“

Ein bisschen verwirrt über das, was sich meine verrückten Kinder da erzählten, ging ich nach draußen zum Wagen. Die Fahrt zum Fluss dauerte etwa eine Dreiviertelstunde und währenddessen sagte Amelie, sie habe schon großen Hunger auf die kleinen Schnitzel, die ich grillen wollte. Die Kinder waren ganz aufgeregt, aber Toby schlief schon bald ein und schnarchte leise vor sich hin, während Rafael, der Jüngste, still in seinem Autositz vor sich hin spielte. Amelie hielt noch etwas länger durch, aber irgendwann sah ich im Rückspiegel, dass auch sie hinter mir eingeschlafen war, die Arme als Polsterung an der Seitenscheibe unter ihren Kopf geschoben.

An einer Kreuzung hielt ich vor dem Stoppschild an. Von links kamen keine Autos, und als ich nach rechts schaute, sah ich nur in weiter Ferne zwei oder drei Autos kommen. Ich fuhr langsam an und hörte dann nur noch, wie mein Mann panisch aufschrie: „Nein! Nein! Nicht!“

Aufgeschreckt schaute ich nach links und sah ein Paar Scheinwerfer. Ich richtete meinen Blick geradeaus, packte das Lenkrad mit beiden Händen, so fest ich konnte, drückte das Gaspedal bis zum Anschlag durch und betete, dass wir nicht von dem Wagen gerammt und von der Straße geschleudert würden.

Als ich wieder zu mir kam, saß ich immer noch im Auto. Mein Mann fragte, ob ich in Ordnung sei. Ich nickte. Dann sprang er aus dem Wagen und schrie die Namen der Kinder.

„Amelie! Toby! Rafael!"

Ich verspürte einen heftigen Schmerz im Nacken und konnte mich kaum rühren. Ganz langsam schob ich mich nach rechts und sah Toby blutüberströmt in seinem Kindersitz sitzen. Er sah benommen aus, kam aber langsam zu sich. Dann sah ich, dass über ihm, über der dritten Sitzreihe, Rafael kopfüber in seinem Kindersitz hing. Der Aufprall musste seinen Sitz aus der Befestigung durch den Sicherheitsgurt gerissen haben, sodass er wie ein Geschoss durch den Wagen katapultiert worden und in der hinteren Ecke des Autos stecken geblieben war. Ich erinnere mich noch, dass ich mich ganz verwirrt fragte, wie er um Himmels willen da oben hingekommen war. Und dann bemerkte ich, dass die Heckklappe des Wagens weit offen stand. *Danke, Gott, dass er nicht durch die offene Heckklappe hinausgeflogen ist.*

In dem Augenblick kam mir Amelie in den Sinn. Erst rief ich ihren Namen nur, aber dann schrie ich ihn. Ich versuchte gar nicht erst, sie wach zu bekommen. Mir war klar, dass sie tot war. Ich spürte es.

Dann kam eine Frau zu unserem Wagen und versuchte, mir zu helfen, aber ich sagte: „Nein, bitte schauen Sie zuerst nach meiner Tochter."

Die Frau kroch von hinten in den Wagen hinein, um meine Tochter zu halten. Als der Sohn der Frau sich neben mich auf den Beifahrersitz setzte und meine Hand hielt, bat ich ihn, mit mir zu beten.

Ich bat Gott, Amelie nicht sterben zu lassen, und versprach, mich den Rest meines Lebens um sie zu kümmern, falls sie durch den Unfall eine Behinderung zurückbehalten werde. Ich flehte Gott an, sie zu verschonen, und sagte ihm, ich könne nicht ohne sie leben. Mein lautes Flehen war in einem weiten Umkreis zu hören, und einige der Umstehenden sagten, ich solle aufhören zu schreien, Amelie habe doch noch einen Puls, sie sei noch am Leben. Aber ich wusste, dass sie tot war. Ich wusste, dass sie nicht wieder zurückkommen würde.

Später im Krankenhaus konnte ich Toby in der Nähe schreien hören. Ich wollte unbedingt wissen, was mit ihm los war, und irgendwann kam ein Arzt mit der Nachricht in mein Zimmer hereingerauscht: „Er hat innere Blutungen und muss notoperiert werden."

Dann fragte ich nach Rafael, weil ich ihn nicht mehr weinen oder schreien hörte, und der Arzt erklärte, Rafael sei gerade intubiert worden. Er habe Hirnblutungen und wenn er überlebe, werde er wahrscheinlich Hirnschäden zurückbehalten.

Bitte, Herr, nimm sie mir nicht alle. Ich weiß, dass Amelie bei dir ist, aber bitte nicht alle.

Dann setzte die Wirkung der Medikamente ein und ich driftete langsam weg. Schattenhaft sah ich vertraute Gesichter vor mir, und leise Stimmen sagten mir, es werde alles wieder gut. Als Lucas – mein Exmann und der Vater von Toby und Amelie – kam und ich ihm sagte, Amelie sei tot, entgegnete er, das stimme nicht, so etwas dürfe ich gar nicht denken. Er werde sofort nach ihr schauen. Ich schloss die Augen und betete, dass ich mich irrte; ich flehte Gott an, dass das, was ich gespürt hatte, nicht stimmen möge. Die Zeit verging. Meine Gebete wurden immer schwächer, und dann hörte ich Lucas' Stimme sehr leise und zittrig meinen Namen sagen: „Victoria." Ich öffnete die Augen und sah meinen Mann an der einen und Lucas an der anderen Seite des Bettes stehen.

„Amelie hat es nicht geschafft", sagte mein Exmann.

Die darauffolgenden Tage sind für mich immer noch wie verschwommen. Ich weiß noch, dass ich in Amelies Bett geschlafen habe, um das bisschen, was auf dieser Welt noch von ihr da war, tief einzuatmen. In ihre Bettdecke eingewickelt, klammerte ich mich an das Bild, das sie mir nur Stunden vor ihrem Tod gemalt hatte, und weinte, bis mich der Schlaf übermannte.

Als wir Amelie in einem Grab neben meiner Großmutter beisetzten, hatten sich meine beiden Söhne von ihren Verletzungen bereits wieder ganz erholt. Toby hatte einige Rippenbrüche, einen Milzriss und einen gebrochenen Kiefer gehabt. Rafael hatte ebenfalls Rippenfrakturen erlitten, einen Milzriss und Hirnblutungen. Als Rafael aus der Klinik nach Hause kam, stand er auf den Treppenstufen vorm Haus, schaute in den Himmel, als ob er dort etwas beobachtete, winkte dann und sagte: „Tschüss Amelie!"

Irgendwann erzählte ich meinem Mann, dass ich bereits unmittelbar nach dem Unfall gewusst hätte, dass Amelie tot war. Ob es so etwas wie Mutterinstinkt war oder diese ganz besondere Bindung, die zwischen mir und meiner Tochter bestand, wusste ich nicht. Mir war nur sofort klar gewesen, dass sie tot war. Und da meinte mein Mann, dass auch Toby es gewusst habe.

„Was soll das heißen, dass Toby es gewusst hat? Wie soll er das denn gewusst haben? Er ist schließlich erst sechs Jahre alt."

Daraufhin berichtete mein Mann, Toby habe laut geschrien, als er ihn aus dem Wagen geborgen habe. Immer wieder habe er geschrien: „Ich will nicht sterben, Papa! Ich will nicht sterben!"

Mein Mann hatte zu ihm gesagt: „Nein, Toby, du wirst nicht sterben. Papa ist ja da. Der Krankenwagen kommt gleich. Hörst du nicht die Sirene?"

Worauf Toby geantwortet hatte: „Aber Amelie ist doch auch tot, meine Amelie ist doch auch gestorben."

Als Toby und ich einige Zeit später einmal allein im Auto unterwegs waren, sprach ich ihn darauf an. Ich fragte ihn, wie er denn gewusst habe, dass seine Schwester tot sei. Er schaute zum Fenster hinaus; er schien nachzudenken und sich zu erinnern. Dann sah er mich schließlich wieder an und sagte lächelnd: „Weil ich gesehen habe, dass ihr Flügel gewachsen sind, Mama. Das waren erst Babyflügel und dann sind daraus richtige Flügel gewachsen. Nicht Erwachsenenflügel, sondern Kinderflügel." Ich war absolut geschockt, und dann fragte Toby: „Du weißt, warum Amelie gestorben ist, oder?"

Ich antwortete: „Nein, Toby. Warum denn?"

„Weil sie uns retten wollte, Mama. Sie wollte uns retten. Sie hat uns nach dem Unfall wieder aufgeweckt, weil wir auch alle tot waren." Ich hörte mir alles an und sagte nichts dazu, denn ich hatte keine Ahnung, wie ich darauf reagieren sollte.

Mitte Oktober lud ich meine Schwester zu uns zum Essen ein. Es gab gegrillte Schnitzel, Amelies Lieblingsessen. Meine Schwester und ich saßen auf dem Sofa und meine Schwester erkundigte sich besorgt: „Wie geht es denn den Jungen? Reden sie darüber? Vermissen sie Amelie?"

Ich sagte ihr, dass es den Jungen gut gehe und dass wir eigentlich ständig über Amelie redeten. Dann berichtete ich ihr, wie Toby mir gesagt hatte, er habe Amelies Flügel gesehen. Ich rief ihn zu uns, und da erzählte er meiner Schwester genau die gleiche Geschichte noch einmal.

Als ich schon dachte, er sei fertig, sah er zu Boden und sagte: „Aber ich hatte Angst, Mama."

„Aber wieso denn, mein Schatz? Wieso hattest du denn Angst?"

„Weil ich auch die Engel gesehen habe."

Ich erklärte ihm, dass seien Gottes Engel gewesen, und vor denen bräuchte man keine Angst zu haben.

„Ich hatte Angst, weil ich gesehen habe, wie sie Amelie mitgenommen haben", sagte er daraufhin, „und ich wollte nicht mitkommen. Ich wollte lieber hier bei euch bleiben."

Meine Schwester und ich sahen uns bestürzt an.

Als Toby und ich ein paar Tage später wieder einmal allein waren und ich daran dachte, was er über die Engel gesagt hatte, fragte ich noch einmal nach: „Erinnerst du dich noch daran, wie du gesagt hast, du hättest auch die Engel gesehen, Toby? Was haben sie denn gemacht? Und wie viele waren es?"

Er wandte sich ab und zeigte mit dem Finger in die Luft vor sich, als ob er sie zählte. Dann sah er mich wieder an und sagte: „Sechs, Mama. Es waren sechs Engel."

Ich stellte mir die sechs Engel in dem Auto vor und dazu noch uns fünf. Irgendwie verstand ich es nicht, also fragte ich: „Sechs Engel? Meine Güte, das waren ja wirklich viele. Was haben sie denn gemacht?"

Etwas verlegen schaute Toby zur Seite, legte dann seine linke Hand auf seine linke Hüfte und sagte: „Zwei waren hier." Dann legte er seine rechte Hand an die rechte Hüfte und sagte: „Und zwei waren hier." Dann griff er nach seinen Fußgelenken – „Einer war hier" – und dann legte er eine Hand hinten in den Nacken und sagte: „Und einer war genau hier." Dann streckte er die linke Hand mit der Handfläche nach oben aus und legte die rechte Hand mit der Handfläche nach oben darauf.

„Sie hatten alle ihre Hände so unter Amelie und dann haben sie sich nach oben bewegt. Und deshalb habe ich auch Amelies Flügel gesehen, Mama. Sie kamen aus ihrem Rücken heraus und es hat ihr nicht mal wehgetan. Und Amelie sah durchsichtig aus, so wie Casper, das Gespenst."

Wieder war ich sprachlos. Es war unmöglich, dass mein Sechsjähriger sich das ausgedacht hatte. So ein lebendiges und stimmiges Bild konnte nur von Gott kommen.

Es ist jetzt noch nicht ganz ein Jahr her, seit Amelie von uns gegangen ist, aber in dieser Zeit hat sich bei mir schon sehr viel verändert. Ich bin eine bessere Mutter geworden, eine bessere Ehefrau, eine bessere Freundin, Tochter und insgesamt ein besserer Mensch. Meine Begegnung mit meinem Engel Amelie hat meinen Glauben neu belebt. Ich lebe mit einer neuen Leidenschaft, und ich habe einen neuen Weg gefunden zu lieben – durch Christus.

Ich habe immer geglaubt, dass ich den Verlust eines Kindes nicht überleben könnte, aber jetzt, wo es mir passiert ist, habe ich gelernt, mit dem Schmerz zu leben. Ich habe gelernt, mich auf Gott zu verlassen, mein Kind loszulassen und es ihm anzuvertrauen. Für mich hat sich dadurch alles verändert. Ich habe keine Angst mehr vor dem Leben und seinen Herausforderungen. Und ich fürchte mich auch nicht vor dem Widersacher und seiner Bosheit, die überall lauert.

Und das Wichtigste ist, dass ich keine Angst mehr vor dem Tod habe. Ich weiß, dass Gott zu jedem Menschen eine Beziehung haben möchte und dass er jeden tröstet. Auch wenn unser Weg plötzlich und völlig unerwartet in eine andere Richtung weitergeht, dürfen wir wissen, dass wir am Ende dieses Weges bei ihm sind und endlich zu Hause angekommen sind. Ich glaube, dass er deshalb meinem kleinen Sohn ein letztes Bild von seiner Schwester geschenkt hat, ein Bild, das er verstehen und an das er sich erinnern kann; ein Bild, das Gott später auch noch benutzte, um mich zu trösten und mir Mut zu machen. Ich weiß, dass wir keine Engel sind, aber ich staune trotzdem über das, was Gott da getan hat. Er hat meinem Sohn dieses Bild geschenkt, das er mit seinem kindlichen Glauben verstehen kann. Dieses Bild von seiner Schwester, der Flügel gewachsen sind, hat dann auch in mir neuen Glauben und neues Vertrauen geweckt. Alles hat sich verändert durch das, was Gott in seiner Freundlichkeit und Barmherzigkeit Toby gezeigt hat.

28
Der Tresor

STEPHEN JEWELL

Ich bin in meinem Leben schon an ein paar sehr finsteren Orten gewesen. Obwohl ich weiß, dass ich ein Kind Gottes bin und dass er mich liebt, haben mich dunkle Zeiten schon oft beinah gefangen genommen. Ich habe häufig daran gedacht, mir das Leben zu nehmen. Aber auch wenn ich mit solchen Gedanken bis heute zu kämpfen habe, hat sich etwas daran geändert, wie ich mit diesen Gedanken umgehe. Ich weiß, dass Gott immer noch etwas mit mir vorhat und dass meine Zeit hier noch nicht abgelaufen ist. Ich werde noch gebraucht.

Die vielleicht schlimmste Zeit habe ich vor etwa einem Jahr erlebt. Die innere Zerrissenheit war heftiger als sonst und ich kam mit meinen Gedanken überhaupt nicht mehr zurecht. Ich war allein zu Haus, allein mit den Gedanken in meinem Kopf. Das Gefühl, nichts wert zu sein, war so riesig, dass mein ganzes Denken von der alten Versuchung bestimmt wurde, mich umzubringen. Wie eine Motte vom Licht wurde ich von diesen Gedanken angezogen und konnte nicht widerstehen. Im Obergeschoss unseres Hauses befand sich mein Waffenschrank, in dem auch eine Pistole lag. Sie schien förmlich danach zu rufen, dass ich sie benutzte.

Es mag vielleicht merkwürdig klingen, aber während ich den unwiderstehlichen Drang empfand, die Waffe zu benutzen, wünschte ich mir gleichzeitig nichts sehnlicher, als dass Gott es verhindern möge. Bei jeder Stufe, die ich nach oben ging, bat ich Gott, mich von meinem Vorhaben abzuhalten. Und als ich fast oben angekommen war, schrie ich mein Gebet beinah, doch die Waffe strahlte immer noch eine unwiderstehliche Anziehungskraft aus.

Als ich den Tresor im Schlafzimmer erreicht hatte, wurde die innere Zerrissenheit sogar körperlich spürbar. Meine Beine waren schwer wie Blei, und ich konnte mich nicht mehr aufrechthalten. Gott schien mein Gebet gehört zu haben, und meine körperliche Reaktion war vermutlich seine Antwort, aber sie reichte nicht aus, um mich aufzuhalten. Da ich nicht mehr gehen konnte, robbte ich einfach weiter zum Waffenschrank.

Ich zog mich hoch bis zu dem Zahlenfeld, immer mit dem Gedanken, dass auf der anderen Seite der Tür die Waffe auf mich wartete. Sie versprach Erleichterung – sofortige Erleichterung nach Jahren der Qualen und des Leidens. In wenigen Augenblicken würde alles vorbei sein. Wenn ich erst einmal die Waffe in der Hand hätte, dann wäre ich endlich frei. Ich konzentrierte mich intensiv beim Eingeben des Zahlencodes und zwinkerte dabei die Tränen weg. Dann gab ich die Ziffern in der richtigen Reihenfolge ein und hörte, wie sich die Verriegelung löste, aber die Tür ließ sich trotzdem nicht öffnen. Ich zog fester, aber es ging nicht. Ich atmete ganz langsam und gab die Zahlenkombination noch einmal ein. Wieder hörte ich, wie die Tür entriegelt wurde und der Tresor offen war. Ein weiteres Mal zog ich an dem Griff, aber wieder ohne Erfolg. Die Tür klemmte.

War das Gott, der mir zu Hilfe kam? Hielt er irgendwie die Tür zu? Ich drehte mich auf den Rücken und dankte ihm von ganzem Herzen. Er hatte mir das Leben gerettet. Während ich betete, war es, als sagte eine Stimme zu mir: *Ich habe noch etwas mit dir vor.* Da wusste ich ganz sicher, dass ich wirklich ein Wunder erlebt hatte. Ich dankte Gott noch einmal dafür, dass er mir das Leben gerettet und meine Familie vor dem Schmerz über meinen Selbstmord bewahrt hatte.

Aber dann kamen die Fragen. War es wirklich ein Wunder gewesen? War ich Gott wirklich so wichtig? War ich es tatsächlich wert, gerettet zu werden? Ich dachte an den Tresor und wunderte mich, dass ich ihn nicht hatte öffnen können. War es nicht viel wahrscheinlicher, dass nicht Gott mich vor dem Tod gerettet hatte, sondern einfach nur die Batterien des Tresors leer waren? Das war kein Wunder gewesen, sondern nur ein blöder Zufall. Es war ein Versehen, genau wie ich eines war.

Noch einmal gab ich den Zahlencode ein und hörte, wie sich die Verriegelung im Waffenschrank öffnete. Ich zog an der Tür und dieses Mal ging sie tatsächlich auf. Da lagen die Pistole und die Schachtel mit Munition. Die vergeblichen Versuche, den Tresor zu öffnen, hatten also nichts mit den Batterien zu tun gehabt, sondern nur mit Gott. Ich war gerettet worden. Ich war es wert, gerettet zu werden. Gott hatte noch etwas mit mir vor. Ich machte den Schrank wieder zu und ging nach unten.

Dieses Erlebnis hat mein Leben verändert. Ich habe zwar nach wie vor Depressionen, und es gibt immer noch Tage, an denen ich mich wertlos fühle und mich frage, warum es mich eigentlich gibt. Aber dann erinnere ich mich wieder daran, was passiert ist. Ich denke an die Worte, die Gott zu mir gesagt hat: *Ich habe noch etwas mit dir vor*. Und heute weiß ich auch, was er mit mir vorhat. Das, was Gott mit mir vorhat, gab es zu dem Zeitpunkt sogar schon, als er die Tür von meinem Tresor blockierte. Ihre Namen sind Amy und Anna, meine wunderbare Frau und meine großartige vierjährige Tochter. Sie sind das, was Gott noch mit mir vorhat, auch wenn ich das damals nicht sehen konnte. Sie brauchen mich, und ich brauche sie, und das ist es, was zählt.

Und noch etwas hat Gott mit mir vor – ich soll meine Geschichte weitererzählen und anderen dabei helfen, sich in die liebenden Arme Gottes fallen zu lassen. Und wer weiß – vielleicht ist meine Geschichte ja auch genau für Sie gedacht.

29
Raubüberfall mit Geiselnahme

LISA KEMPRATH

Am 3. September 2004 war ich in meiner Heimatstadt unterwegs, um in den Geschäften vor Ort Sachspenden zu sammeln. Ich lebte damals in einer typischen Kleinstadt mit alteingesessenen Geschäften, die es dort schon seit Generationen gab und in denen meine Eltern und Großeltern bereits eingekauft hatten. Die Sachspenden sollten bei einer stillen Auktion versteigert werden zugunsten von Freunden, die nach der Geburt ihres ersten Kindes finanzielle Probleme bekommen hatten. Der Kleine war mit einem offenen Rücken geboren worden und musste medizinisch speziell betreut werden, allerdings wurde ein Teil der Behandlungskosten nicht durch die Krankenversicherung abgedeckt. Ich war ziemlich zuversichtlich, dass die Menschen in meiner Heimatstadt tief in die Tasche greifen würden, damit unsere Aktion ein Erfolg wurde.

Gegen 10.30 Uhr betrat ich das erste Geschäft an diesem Tag, einen Juwelierladen. Die Türklingel läutete, als ich das Geschäft betrat, und weil im Laden niemand war, schaute ich mir die Auslagen an, die in der hellen Beleuchtung strahlten und funkelten. Es kam niemand, um mich zu begrüßen, aber es war ja auch noch früh am Vormittag, und die Angestellten waren sicher noch mit den Tagesvorbereitungen beschäftigt. Durch die Wartezeit hatte ich noch einmal Gelegenheit, mir genau zu überlegen, was ich sagen wollte.

Da hörte ich eine Stimme in einem Raum hinter dem Laden schreien. „Hier!" Ich ignorierte die männliche Stimme, denn ich wusste ja, dass er mich hier im Laden finden würde, wenn er mit dem, womit er gerade beschäftigt sein mochte, fertig war.

Dann hörte ich die Stimme ein zweites Mal rufen: „Hier."

„Alles in Ordnung", rief ich zurück. „Lassen Sie sich nur Zeit!" Plötzlich kam ein junger Mann herein, und mir fiel sofort auf, dass sein dunkles T-Shirt so gar nicht zu einem Verkäufer in einem Juweliergeschäft passte. Trotzdem ging ich auf ihn zu, stellte mich an den etwa brusthohen Verkaufstresen, der zwischen uns stand, und streckte ihm zur Begrüßung die rechte Hand hin, um mich dann gleich vorzustellen und mein Anliegen vorzubringen. In der linken Hand hatte ich meine Handtasche und mein Notizheft. Als der Mann hinter dem Tresen hervortrat, bemerkte ich in seiner rechten Hand ein mattschwarzes halbautomatisches Gewehr. Er hatte es an sich gepresst und packte jetzt mit seiner linken behandschuhten Hand meine rechte Hand. „Sie haben sich leider den falschen Moment ausgesucht, hier hereinzukommen", sagte er und zog mich durch die Tür in einen Raum hinter dem Laden.

Ich war völlig überrumpelt und wie benommen. In dem Hinterzimmer sah ich, dass bereits vier Personen auf dem Boden lagen und sich noch ein weiterer junger Mann mit einer Waffe dort aufhielt. Er war viel größer als der andere junge Mann und außerdem war er viel aggressiver und hatte eine große Klappe. Er fluchte ununterbrochen, um die Angestellten des Juwelierladens einzuschüchtern, was ihm auch gelang.

Einer der Männer sagte mir, ich solle mich zu den anderen auf den Boden legen und die Hände auf dem Rücken verschränken. Als der Mann meine Hände mit Klebeband fesselte, hörte ich ihn flüstern, dass es ihm leidtue.

Während wir zu fünft auf dem Boden lagen und hörten, wie die beiden jungen Männer Schmuck in ihre schwarzen Rucksäcke stopften, betete ich ununterbrochen. Ich hatte keine Angst und war auch nicht nervös, denn egal, was auch passierte, ich würde nach Hause kommen. Ich wusste allerdings nicht so genau, ob in mein himmlisches oder in mein irdisches Zuhause. Also betete ich, Gott möge bei meinem Mann sein und ihm dabei helfen, unseren

Kindern – einem sechs Jahre alten Jungen und den dreijährigen Zwillingsmädchen – zu erklären, warum Mama jetzt bei Jesus sei und nicht bei ihnen zu Hause. Ich betete, Gott möge bei meinen Eltern sein und sie trösten in ihrer Trauer über den Verlust ihrer Tochter.

Plötzlich ging die Klingel der Ladentür erneut, und ich hörte eine Männerstimme vorne im Laden. *Bitte*, flehte ich den Mann im Stillen an, *bitte versuch nicht, den Helden zu spielen.* Der Mann wurde ebenfalls in das Hinterzimmer gebracht, wo er versuchte, die beiden Diebe zur Vernunft zu bringen. Das schlug jedoch fehl, und die Atmosphäre wurde noch angespannter. Als Quittung für seine Versuche wurden ihm und einem der Angestellten des Geschäftes Klebestreifen über die Augen geklebt, sodass sie die Diebe nicht mehr sehen konnten.

Die angespannte Atmosphäre überwältigte mich, und ich empfand sie als extrem belastend, weil sie mir praktisch die Luft zum Atmen nahm. Mit jeder Sekunde, die verstrich, wurden die beiden Diebe hektischer, ja fast panisch, denn sie wollten natürlich so schnell wie möglich mit ihrer Beute verschwinden. Als sie den gesamten Schmuck, der sich im Laden befand, eingesteckt hatten und nach dem Band aus der Überwachungskamera fragten, hatte ich das Gefühl, jetzt müsse es gleich vorbei sein. Die Angestellte, die links von mir lag, sagte, dass es keine Überwachungskameras gebe. Somit waren wir sechs gefesselten Personen im Hinterzimmer die einzigen Zeugen des Raubüberfalls. Der aggressivere der beiden Diebe sagte, er müsse uns jetzt alle umbringen, weil wir ja ihre Gesichter gesehen hätten, und ich glaube, dass er es wirklich ernst meinte.

Sofort betete ich wieder inbrünstig – für meine Familie und dafür, dass mein Weg nach Hause leicht sein und schnell gehen möge. Ich hörte, wie beide Waffen geladen wurden und wartete auf den ersten Schuss. Als ich mich gerade fragte, wer wohl als Erster würde sterben müssen, läutete erneut die Klingel der Ladentür. Ich erinnere mich noch, wie ich innerlich zu Gott schrie: *Wieso musst du denn jetzt noch jemanden in diesen Albtraum hineinziehen? Wieso lässt du zu, dass sich das Böse noch breiter macht?* Wieder verließ einer der Diebe den Raum – welcher von beiden es war, wusste ich nicht, denn ich hatte die Augen geschlossen und lag mit dem Gesicht nach unten –, und die Frau rechts neben mir betete laut das Vaterunser.

Aus dem anderen Raum hörte ich einen Mann sagen: „Ich tue alles, was Sie wollen, aber tun Sie ihr nichts."

In meiner Vorstellung sah ich ein junges Paar vor mir, das sich einen Verlobungsring aussuchen wollte, und sie taten mir furchtbar leid. Als die beiden in das Hinterzimmer geführt wurden, öffnete ich meine Augen einen Spaltbreit und schaute über meine linke Schulter nach hinten. Ich sah zwei Paar Schuhe; das eine Paar gehörte einem Mann, das andere einem kleinen Mädchen. Durch die Riemchen ihrer Sandalen konnte ich sehen, dass ihre Zehennägel in einem grellen Pink lackiert waren. Sie konnte nicht viel älter als drei sein.

Die beiden Diebe sagten dem Vater der Kleinen, er solle sich auf den Boden legen, und auch seine Hände fesselten sie mit Klebeband; aber das Mädchen rührten sie nicht an. Sie sprachen nicht mit ihr und ließen sie auch sonst in Ruhe. Als sie wieder in den Laden hinausgingen, versuchte der Vater, um seiner Tochter willen ruhig zu bleiben. Er versprach ihr ein Essen bei McDonald's, sobald sie wieder aus dem Laden heraus wären, und er meinte, sie würden dort bestimmt auch einen Luftballon bekommen. Als er sie *Baby* nannte, musste ich an meine eigenen kleinen Töchter denken. Und auch an meinen Sohn dachte ich, der in genau einer Woche seinen siebten Geburtstag feiern würde. Ein Ausflug zu McDonald's und Luftballons hätte meinen dreien sicher auch gefallen.

Wieder hörte ich, wie die beiden Diebe im Nebenraum miteinander redeten. „Ein Kind – das kann ich nicht. Das war's für uns.

Wir sind erledigt." Die Türklingel läutete, und sie verließen den Laden. Und dann war es vorbei. Wir blieben verschont. Ein Kind hatte uns alle gerettet.

Als die Polizei kam und unsere Aussagen zu Protokoll nahm, saß ich auf dem Boden und hörte zu, wie das kleine Mädchen von der Party erzählte, die es zu seinem dritten Geburtstag gefeiert hatte. Sie erzählte und ich lächelte, und mit jedem Ausatmen fiel die Anspannung ein bisschen mehr von mir ab. Bevor ich ging, fragte ich sie noch nach ihrem Namen. Sie hieß Kaya. „Das ist aber ein hübscher Name", sagte ich. „Ja", antwortete ihr Vater daraufhin lächelnd. „Kaya bedeutet ‚Leben schenkend'."

30
Treuer Versorger

BETH HOPPER

Ich hatte ein paar ungute Entscheidungen getroffen, und das war auch deutlich an meinen Lebensumständen zu erkennen. Ich war nämlich pleite, allein und im sechsten Monat schwanger. Mein Mann hielt sich in einem anderen Bundesstaat auf, um dort ein Geschäft aufzubauen, und für die Übergangszeit hatten wir unseren Sohn bei den Großeltern untergebracht, die vierzehn Autostunden entfernt lebten. Die Familie war auseinandergerissen und so weit verstreut, dass ich das Gefühl hatte, völlig die Kontrolle über mein Leben zu verlieren und mich einfach in Nichts aufzulösen. Ich war verzweifelt und wusste, dass etwas geschehen musste.

Deshalb beschloss ich, meinen Sohn wieder zu mir zurückzuholen. Das Problem dabei war allerdings, dass ich wie gesagt pleite, allein und im sechsten Monat schwanger war. Doch was hatte ich für eine Wahl? Also zählte ich mein Geld, kaufte ein Busticket, um zum anderen Ende des Bundesstaates zu meinem Sohn zu fahren und hoffte, dass die restlichen fünf Dollar ausreichen würden, um mir während der Fahrt etwas zu essen zu kaufen.

Der Bus war noch nicht lange unterwegs, als mich eine junge Frau mit einem kleinen Jungen ansprach. Es tat gut, mit den beiden zu reden, denn beim Plaudern verging die Zeit schneller. Alles war gut, bis der Bus für eine Essenspause an einer Raststätte hielt und die junge Frau mich fragte, ob ich ihr etwas zu essen kaufen könne. Ich dachte an die letzten fünf Dollar, die ich noch in der Tasche hatte, sagte dann aber trotzdem: „Ja klar!“ Allerdings erklärte ich ihr auch, dass ich nicht viel Geld dabeihätte. Ich würde sehen, was sich machen ließe. Das Geld reichte für ein bisschen Suppe und

Wasser für uns drei. Bevor der Bus wieder losfuhr, bedankten sich die beiden bei mir und gingen davon. Ich stieg wieder ein, setzte mich auf meinen Platz und musste daran denken, dass ich bei meiner Ankunft am Ziel wahrscheinlich sehr hungrig sein würde. Trotzdem war ich mir sicher, dass ich das Richtige getan hatte.

Später am Tag stieg ein Mädchen in den Bus ein und setzte sich neben mich. Sie fuhr gar nicht weit mit, und als sie an ihrer Haltestelle aufstand und aussteigen wollte, fragte sie mich, ob ich das Lunchpaket haben wolle, das ihre Großmutter für sie eingepackt hatte. Ich nickte, bedankte mich und nahm die Tüte entgegen. Darin waren eine Packung Erdbeeren und eine Limonade. Ein Volltreffer.

Am Abend machten wir erneut eine Essenspause. Ich stand auf, um mich ein wenig zu strecken und mir die Beine zu vertreten. Dann setzte ich mich an der Raststätte auf eine Bank etwas abseits von den anderen Fahrgästen. Mir knurrte der Magen, und ich wollte schon gerade wieder einsteigen, als eine ältere Dame auf mich zukam und fragte, ob ich die Hälfte von ihrem Sandwich haben wolle. Es sei viel zu groß, und sie könne es unmöglich allein aufessen. Natürlich sagte ich Ja und war sehr dankbar!

Den Rest der Fahrt verschlief ich satt und zufrieden. Als ich an meinem Ziel aus dem Bus stieg, wurde ich schon von meinem Vater erwartet, der mich als Erstes fragte: „Möchtest du frühstücken?“

Ich hatte so wenig gegeben – nur ein paar Dollar – und so viel zurückbekommen. Ich staunte darüber, wie gut Gott mich mit dem versorgt hatte, was ich brauchte. In dem Augenblick wusste ich, dass er auch für den Rest sorgen würde.

31
Blindes Vertrauen

C. M. OSEWALT

Kopfschmerzen, die einen zähen Pastor daran hindern, in seiner Gemeinde einen Gottesdienst zu halten, sind keine Durchschnittskopfschmerzen, und ich hatte solche Schmerzen, dass sie mich praktisch blind machten.

Mit drei Vierteln meines rechten Auges konnte ich nicht sehen. Nichts half, und am Abend konnte ich auf dem einen Auge gar nichts mehr sehen. Meine Frau rief eine befreundete Ärztin an und fragte sie um Rat.

Kennen Sie einen Arzt, der an einem Sonntagabend einen Patienten zurückruft, und dazu noch einen, den er gar nicht kennt? Nun, diese Ärztin tat es, und nicht einmal eine Stunde später war ich zur Untersuchung meines Auges in ihrer Praxis. „Das ist eine Netzhautablösung", sagte sie. „Da kann ich leider nichts für Sie tun, aber ich rufe einen Kollegen an."

Am Montagmorgen um 7.04 Uhr lernte ich Dr. Schubert kennen. Mein rechtes Auge schmerzte mittlerweile noch mehr und war durch die Untersuchung am Vorabend geschwollen. Dadurch verspürte ich den kindischen Drang, meine Augen ganz fest zuzukneifen, obwohl mich Dr. Schubert ermahnte, sie geöffnet zu lassen.

Wir kämpften und er gewann. Irgendwann wusch er sich die Hände und nahm auf seinem Thron hinter dem großen Schreibtisch Platz, während ich mich auf den Stuhl davor setzte. Mithilfe einer farbigen Skizze erklärte er mir, was genau mir fehlte.

„Also, Sie haben sechs Risse in Ihrer Netzhaut, sodass sie sich komplett abgelöst hat. Sie haben die Risse hier, hier und zwei hier und die übrigen etwa an dieser Stelle hier. Wenn es nur ein Riss wäre, dann würden wir mit einer gasgefüllten Nadel die Netzhaut wieder an die richtige Stelle schwämmen."

Ich nickte nur stumm. Das klang ja alles viel, viel schlimmer, als ich erwartet hatte.

„Wenn Sie zwei Risse hätten, vielleicht auch drei, dann würde ich versuchen, eine Sklera-Schnalle einzusetzen. Diese Schnalle würde dafür sorgen, dass die Netzhaut an Ort und Stelle bleibt und fest sitzt, aber das wird bei Ihnen nicht funktionieren, weil Ihre Netzhaut zu viele Risse hat. Deshalb werden wir operieren müssen. Dabei befestigen wir Ihre Netzhaut wieder an der richtigen Stelle. Da Sie auf beiden Augen extrem kurzsichtig sind, wird die Operation in beiden Augen zu Linsentrübungen führen und im Laufe von etwa einem Jahr zu Vernarbungen. Dadurch werden Sie höchstwahrscheinlich erblinden. Wir entscheiden uns also am besten für die dritte Möglichkeit, oder?"

„Moment mal", sagte ich. „Wollen Sie mir damit sagen, dass ich ein Jahr nach der Operation blind sein werde?"

Dr. Schubert ruderte ein bisschen mit seinen Worten zurück. „Wahrscheinlich schon, aber genau weiß man es natürlich nicht. Vielleicht. Es werden ja ständig neue Methoden entwickelt."

„Wieso kann ich es nicht mit der Sklera-Schnalle versuchen?"

„Dazu hat Ihre Netzhaut einfach zu viele Risse. Sie wird nicht halten."

Ich sagte eine Weile gar nichts. Wenn ich in ein Restaurant gehe, dann lasse ich immer die Servicekraft mein Essen für mich aussuchen und sage einfach: „Fragen Sie mich nicht, was ich essen möchte, sondern überraschen Sie mich einfach." Also fragte ich in dieser Situation auch Dr. Schubert, wofür er sich entscheiden würde, wenn er an meiner Stelle wäre.

Zum ersten Mal seit 7.04 Uhr sagte er gar nichts. „Also ich glaube … ich würde mich für die Schnalle entscheiden. Wenn das nicht funktioniert, könnten wir immer noch die Operation in Angriff nehmen, um die Netzhaut wieder zu befestigen."

Mit dieser Antwort hatte ich nicht gerechnet. „Wenn Sie sich für diese Vorgehensweise entscheiden würden, warum sollte ich dann sofort die Operation wählen?"

Es folgte eine noch längere Pause. „Nun ja, es ist so, dass ich von den Krankenversicherungen nach jeder Operation eine Bewertung bekomme. Wenn ich es erst mit der Schnalle versuche und dann später noch die Operation vornehme, um die Netzhaut wieder zu befestigen, dann bekomme ich eine schlechtere Note. Die Krankenversicherungen wollen natürlich nur einen Eingriff bezahlen und nicht zwei."

Um 14.30 Uhr war ich im OP, wo die Sklera-Schnalle eingesetzt wurde. Ich musste dabei wach sein, und obwohl ich einen Druck spürte, tat es nicht so weh wie die vorausgegangenen Untersuchungen. Als ich mitbekam, wie die Instrumente in meinem Auge arbeiteten, betete ich. Ich betete um ein Wunder.

Ich dachte an ein Buch über das Gebet von Anthony Bloom, einem griechisch-orthodoxen Priester, das ich Jahre zuvor gelesen hatte. Darin schreibt er über Meditation mithilfe des Christusgebets: „Herr, Jesus Christus, Sohn Gottes, erbarme dich über mich Sünder." Ich betete also und ließ dabei jedes Wort tief in mein Herz hineinsinken.

Am Abend war ich wieder zu Hause. Ich konnte nicht schlafen und sah vor meinen Augen immer noch die Farben des Regenbogens. Während ich in meinem Bett lag und wie Huckleberry Finn auf dem Fluss dahintrieb und in die Sterne des Regenbogenhimmels schaute, war das einzige Geräusch meine Stimme, die das Jesusgebet sprach. Ich hatte das Erbarmen Gottes wirklich dringend nötig.

Am Dienstag um 7.00 Uhr war ich wieder in Dr. Schuberts Praxis und wartete auf sein Urteil.

„Nein. Die Netzhaut hat sich nicht an der Schnalle befestigt. Kommen Sie Mittwoch um 7.00 Uhr wieder. Wenn sie dann immer noch nicht fest ist, operieren wir am Freitag und befestigen die Netzhaut."

Am Mittwoch um 7.00 Uhr war ich erneut in der Praxis, aber das Urteil war das Gleiche.

„Nein, die Netzhaut hat sich nicht an der Schnalle befestigt. Kommen Sie am Donnerstag um 7.00 Uhr noch einmal wieder. Ich habe für alle Fälle für Freitagmorgen den OP reserviert."

Donnerstag, 7.11 Uhr: „Nein, es ist alles beim Alten. Morgen operieren wir."

Bevor ich den Behandlungsraum verließ, betete ich ein letztes Mal: „Herr, Sohn Gottes, wenn du willst, dass ich sehen kann, dann erbarme dich über mich."

Dr. Schubert hielt kurz inne und sagte: „Moment noch, ich möchte noch etwas ausprobieren." Dann holte er zwei lange Nadeln. „Ich möchte Ihnen Gas in Ihr Auge füllen. Wenn das Gas die Netzhaut zu der Schnalle schwämmen kann, dann heftet sie sich vielleicht daran fest."

Die Schmerzen bei dem Eingriff waren schlimmer als alles, was ich jemals erlebt habe. Aber irgendwie überstand ich es. Ich verließ den Raum völlig fertig und benommen, als ob ich gerade von einem Lastwagen angefahren worden wäre. Mir blieb nichts anderes übrig, als mich von meiner Frau nach Hause leiten zu lassen. Die ganze Nacht betete ich das Jesusgebet. *Herr, Jesus, Sohn Gottes, erbarme dich über mich Sünder.*

Eigentlich bin ich eher ein spontaner Typ, und wenn ich bete, lasse ich mich vom Heiligen Geist leiten und bete normalerweise frei. Aber es hatte etwas sehr Tröstliches, diese Worte des Christusgebets zu wiederholen, von Augenblick zu Augenblick. Seit Jahrhunderten beten Menschen dieses Gebet. Ich war froh, zu ihnen zu gehören und um ein Wunder unverdienter Gnade zu bitten.

Und ich bekam dieses Wunder tatsächlich geschenkt. Das Gas wirkte. Die Netzhaut heftete sich an die Sklera-Schnalle an. Es war keine Operation mehr nötig. Beinahe wäre ich erblindet, aber nun kann ich sehen.

Der Termin, bei dem sich herausstellte, dass es funktioniert hatte, war nicht der letzte Termin bei Dr. Schubert. Im Laufe der darauffolgenden Monate gab es immer wieder Kontrolluntersuchungen, und jedes Mal, wenn wir uns sahen, erinnerte der Doktor mich daran, dass er zur Rettung meines Augenlichtes eine sehr alte, nicht mehr praktizierte Methode angewandt hatte, die von den Krankenversicherungen nicht anerkannt ist und eine nicht einmal einprozentige Erfolgschance hat. Und es hatte nicht nur die Methode funktioniert, sondern die Krankenversicherung hatte auch noch vollständig die Kosten übernommen.

„Ja, Sie sind ein lebendes Wunder!", sagte er.

32
Unser Geschenk von Gott

DAWN LIBERSKI

Es war ein ganz friedlicher Traum, zwar etwas surreal, aber dabei sehr einfach. In meinem Traum sagte mir Gott, dass das Baby, das in mir wuchs, mit dem Downsyndrom geboren werden würde. Die Kleine werde ein Segen sein, und ich solle mir nie Sorgen machen. Er selbst werde uns durch alles hindurchtragen.

Nach diesem Traum war ich plötzlich hellwach. Ich wusste erst seit zwei Wochen, dass ich schwanger war, und obwohl es 2.00 Uhr früh war, fand ich es wichtig, meinem Mann David sofort meinen Traum zu erzählen. Völlig verschlafen sagte er mir, das sei doch nur ein Traum und er sei ganz sicher, dass mit dem Baby alles in Ordnung sei. Dann schlief er wieder ein und bald danach ich auch. Ich hoffte, dass Gott mir in meinen Träumen noch ein wenig mehr mitteilen würde.

Bei unserem ersten Arzttermin ein paar Tage später berichtete ich der Ärztin von meiner Sorge, das Baby könnte das Downsyndrom haben. Die Untersuchungsergebnisse zeigten aber keine Auffälligkeiten oder Besorgniserregendes, und die Ärztin betonte noch einmal, dass dies ja schon mein drittes Kind sei und dass ich noch unter dreißig sei, das Kind also nicht in eine Risikogruppe falle. Aber wenn es mich beruhige, könne natürlich ein Triple-Test durchgeführt werden, bei dem mein Blut auf die Konzentration von Hormonen untersucht werde.

Eine Woche nach dem Test rief mich meine Ärztin an und erklärte, dass laut des Testergebnisses mein Kind mit hoher Wahrscheinlichkeit das Downsyndrom habe. Ich war sehr traurig und musste weinen. Meine Ärztin empfahl eine Fruchtwasseruntersuchung zur Bestätigung oder eben Widerlegung des Triple-Test-Ergebnisses, und obwohl ich der Untersuchung zustimmte, war mir bereits klar, was sie ergeben würde.

Als die Diagnose dann zweifelsfrei feststand – dieselbe Diagnose, die Gott mir schon in meinem Traum gesagt hatte –, wurden wir an einen Spezialisten überwiesen, der meine kleine Tochter etliche Male von Kopf bis Fuß per Ultraschall untersuchte. Nachdem ich gefühlte Stunden in dem abgedunkelten Raum auf der Liege am Ultraschall gelegen hatte, während die Ultraschallgeräte neben mir leise vor sich hin summten, gab man uns ein wenig ausführlicher darüber Auskunft, was los war. Unsere kleine Tochter habe außer dem Downsyndrom einen Herzfehler und einen Hydrozephalus, also einen Wasserkopf, hieß es. Sie werde höchstwahrscheinlich gar nicht bis zur Geburt überleben, und selbst wenn, werde sie die Anstrengung der Geburt kaum überstehen. Nach Meinung des Spezialisten sei sowohl für uns als Eltern als auch für das ungeborene Kind ein Schwangerschaftsabbruch das Beste.

Wir sagten dem Arzt, dass eine Abtreibung keine Option für uns sei, denn Gott habe uns diese kleine Tochter ganz sicher aus einem bestimmten Grund geschenkt. Wir beschlossen, diesen Spezialisten nicht noch einmal aufzusuchen. Stattdessen weinten David und ich uns bei Gott aus und erzählten ihm unsere Sorgen und unsere Verzweiflung. Unsere Gemeinde betete ebenfalls immer wieder für unser Kind, und Gott versprach, uns durchzutragen. Obwohl wir Angst hatten, wussten wir, dass wir ihm vertrauen und auf ihn hoffen konnten.

Am 3. Juli 2000 wurde unser Wunderkind geboren. Erica hatte tatsächlich das Downsyndrom. Sie überstand die Schwangerschaft bis zum Geburtstermin, und es gab auch keinerlei Anzeichen für einen Herzfehler oder Hydrozephalus. Unsere kleine Tochter war geheilt worden und kam so zu uns, wie Gott es mir acht Monate zuvor in meinem Traum gesagt hatte.

Ich fragte den Arzt, ob er das medizinisch erklären könne, aber das konnte er nicht. Dann sagte ich ihm, es sei ganz eindeutig ein Wunder, und als ich schließlich mit Erica allein war, weinte ich und dankte Gott dafür, dass sie mein Kind war und dass er mich die gesamte Schwangerschaft hindurch mit seinem Frieden erfüllt hatte. Ich dankte ihm für all die Male, als ich anderen Menschen die Geschichte seiner Liebe und Fürsorge hatte weitererzählen können. Und ich dankte ihm dafür, dass ich mich nie allein gefühlt hatte.

Erica war schon bald in der ganzen Klinik bekannt. Es gab Probleme mit ihrer Lunge und mit ihrer Verdauung, aber immer wenn wir gebetet hatten, spürten wir, dass Gott uns den weiteren Weg zeigen würde. Und schließlich, in den letzten Tagen von Ericas Leben, erhörte Gott unsere Gebete ebenfalls – allerdings nicht so, wie wir es uns gewünscht hatten.

An einem Morgen dieser letzten Tage begrüßte uns Ericas Nachtschwester, als wir unsere Tochter auf der Kinderintensivstation besuchen wollten. Sie sagte, sie müsse uns etwas erzählen. Am Abend zuvor sei ein kleines Mädchen, das einen Autounfall gehabt hatte, an Ericas Zimmer vorbeigeschoben worden, und sie habe der Schwester gesagt, sie solle bitte kurz stehen bleiben.

„Warum schweben in dem Zimmer da so viele weiße Leute?", hatte das kleine Mädchen gefragt, als es in Ericas Raum hineingeschaut hatte. Aber die Schwester hatte außer Erica niemanden in dem Zimmer gesehen.

Nur wenige Stunden nachdem uns die Schwester das erzählt hatte, holte Jesus Erica für immer zu sich nach Hause.

Gott hat Wort gehalten und uns alle auf diesem Weg durchgetragen, von dem ersten Traum über unsere ganz besondere kleine Tochter bis zu dem Trost durch ein anderes Kind, das in Ericas Zimmer Engel gesehen hatte, die unsere Tochter in ihr ewiges Zuhause geleiteten.

33

Hast du ihn nicht gesehen?

DENISE MEYER

Wir stießen uns vom Ufer ab, und ich nahm sofort meine Kamera zur Hand. Dieser See ist einfach ein wunderschöner Ort, besonders bei kaltem Wetter am Ende des Winters, wenn das Eis langsam taut. Wir hatten eine Hütte am Ufer gemietet, und das kleine Ruderboot war eine tolle Dreingabe bei unserem Abenteuer in der Wildnis.

Für die fünf Personen in dem Boot – meine beiden Kinder (Emily, vier, und Tim, zwei), meine Mutter, meinen Stiefvater und mich – war es die perfekte Art, einen Nachmittag zu verbringen. Was machte es da schon, dass wir eine Schwimmweste zu wenig dabeihatten? Was sollte denn schon passieren?

Wir waren noch keine fünfzig Meter vom Ufer entfernt, als ich plötzlich merkte, dass das Boot heftig ins Schwanken geriet. Mein Vater stöhnte vor Schmerzen auf, weil er einen Krampf im Bein hatte, und er versuchte deshalb, sich im Boot hinzustellen. Meine Mutter schrie ihn an: „Setz dich hin, Will! Setz dich hin!"

Ich ließ meine Kamera fallen und hielt mich an beiden Seiten des Bootes fest, aber genau in dem Augenblick kenterte das Boot durch das heftige Schwanken, und wir fielen alle in das eiskalte Wasser. Vor dem Hineinfallen hatte ich nicht noch einmal tief einatmen können, sodass ich schwer nach Luft rang, als ich aus dem Wasser auftauchte. Da ich gerade erst ein paar Monate zuvor bei der freiwilligen Feuerwehr in Rettungsmaßnahmen bei Wasserunfällen ausgebildet worden war, wusste ich, dass ich als Erstes zählen musste, wie viele Leute nach dem Eintauchen ins Wasser wieder an die Wasseroberfläche gekommen waren. *Fangen Sie an zu zählen und vergewissern Sie sich, dass alle Personen da sind. Eins. Zwei. Drei.*

Meine Eltern waren wieder aufgetaucht, aber die beiden Kinder nicht.

Mein Vater, der zwei Jahre zuvor bei einem Verkehrsunfall einen Arm verloren hatte und nicht schwimmen konnte, hing an dem gekenterten Boot und wurde von der Schwimmweste über Wasser gehalten, während meine Mutter panisch nach den Kindern suchte. Auch ich tauchte immer wieder nach unten, wobei mir die Kälte bis ins Mark ging. Mit klappernden Zähnen und am ganzen Körper frierend konnte ich in dem trüben Wasser nicht viel sehen und musste jedes Mal sehr schnell wieder auftauchen, um Luft zu holen. Ich musste weinen und betete: *Bitte, Gott, bitte nimm mir nicht meine Kinder! Bitte lass sie nicht sterben.*

Dann tauchte ich wieder mit dem Kopf zuerst nach unten und suchte weiter, wobei ich blind und verzweifelt mit den Armen im Wasser ruderte und nach ihnen tastete.

Irgendwann bekam meine Hand etwas Vertrautes zu fassen, aber welches Kind war es? Ob es Emily oder Tim war, wusste ich nicht. Ich merkte nur, dass das Kind unter dem umgedrehten Boot festsaß und durch die Schwimmweste nach oben in den Bootsrumpf gedrückt wurde. Ich versuchte das Kind herauszuziehen, aber dann hatte ich keine Luft mehr. Ich tauchte also wieder auf und hörte, wie meine Mutter mir zurief: „Ich habe sie gefunden! Ich habe ihren Fuß! Ich habe Emily!“ Bei meinem nächsten Abtauchen zog ich mit neuer Entschlossenheit an Tims Bein und benutzte meinen Arm am Bootsrand als Hebel, um es anzuheben. Ich hörte, wie Emily an die Wasseroberfläche kam und hustete und weinte. Ich zog weiter, so fest ich konnte, aber es funktionierte nicht.

Es musste inzwischen fast 90 Sekunden her sein, seit wir gekentert waren. Ich hatte keine Ahnung, ob ich meinen leblosen Kleinen aus dem Wasser retten konnte oder nicht, aber ich musste es ein letztes Mal versuchen. Ich betete: *Bitte, Gott, hilf mir, ihn herauszubekommen.* Unter Schmerzen, weil mein Unterarm gegen den metallenen Bootsrand drückte, zog ich mit dem letzten Rest meiner Kraft an Tims Schwimmweste. Und plötzlich gab irgendetwas nach, er kam herausgerutscht und tauchte auf. Er prustete und schrie, aber er war am Leben. Wir hatten alle überlebt.

In den darauffolgenden Momenten wurde mir erst bewusst, was am Ufer los war. Alle schauten in unsere Richtung, und ich sah meinen Schwager in ein Boot springen, das am Steg festgemacht war. Um möglichst schnell bei uns zu sein, gab er so stark Gas, dass beim Losfahren ein Stück vom Bootssteg mitgerissen wurde. Als die Helfer zu uns kamen und uns zurück ans Ufer brachten, wurde mir wieder bewusst, wie kalt das Wasser war und wie knapp wir dem Tod entronnen waren. Und erst als wir es ans Ufer geschafft hatten, erfuhr ich, wie Gott durch ein Wunder eingegriffen hatte.

Tim hatte unter dem gekenterten Boot in einer Luftblase gesteckt. Er war nur die kurze Zeitspanne unter Wasser gewesen, als Gott mir die Kraft gegeben hatte, ihn nach unten und dann unter dem Boot herauszuziehen. Das erzählte er, als ich einen weiteren panischen Schrei hörte.

„Ruft einen Rettungswagen! Die Frau hier hat einen Herzinfarkt!", rief jemand. Meine Mutter lag auf dem Steg, und ich wusste, dass ich gerade ein weiteres Wunder miterlebte. Denn hätte sie den Herzinfarkt im Wasser gehabt, wäre sie ganz sicher ertrunken.

Aber Gott war mit seiner Hilfe immer noch nicht am Ende. Wir sollten noch von einem weiteren Wunder erfahren, als wir später im Krankenhaus zu meiner Mutter durften. Die Kinder nahmen ihre Oma eine ganze Weile in Beschlag, und dann kam das Gespräch noch einmal auf den Bootsunfall. Als meine Mutter sprach, war an ihrer Miene immer noch abzulesen, wie groß ihre Angst gewesen war.

„Ach, Emily, ich hatte solche Angst, als du im Wasser warst. Ich habe gesucht und gesucht, aber ich konnte dich nicht finden. Und dann habe ich zugepackt und dich hochgezogen."

Emily sah verwirrt aus und fragte ihre Großmutter: „Hast du denn den Mann nicht gesehen, Oma?“

„Welchen Mann denn?“, erkundigte sich meine Mutter.

„Na, den Mann unter Wasser natürlich“, fuhr sie mit ganz ernster Miene fort. „Er hat doch meinen Fuß festgehalten und ihn dir dann in die Hand gegeben!“

Weil sie immer noch nicht begriff, versuchte meine Mutter es richtigzustellen: „Aber da war sonst niemand bei uns im Wasser.“

Emily jedoch widersprach: „Doch, da war jemand! Da war ein Mann! Er hat mich gefunden und dir meinen Fuß in die Hand gedrückt!“

Wir verdanken es ganz und gar Gott, dass er unser Leben verschont und uns noch mehr gemeinsame Zeit als Familie geschenkt hat. Wir glauben so oft, dass Gott uns in Krisen uns selbst überlässt. Aber wir haben an diesem Tag nicht nur ein Wunder erlebt, sondern drei; und dort draußen in dem See wurden wir alle daran erinnert, dass Gott nicht nur bei uns ist, wenn wir Schweres durchzustehen haben, sondern dass er gerade dann auch auf eine Art handelt, die wir gar nicht bemerken.

34
Ein Wunder per Post

KIMBERLY DONALDSON

Es gibt ein schwedisches Sprichwort, das heißt: „Geliebtes Kind hat viele Namen." Meinen Großvater – William Degnan, Bill, Opa Bill, lieber alter Papa, Opa Knotenkopf – kannten und liebten viele. Er war ein starker, intelligenter Mann, und an dem Tag, als er starb, hatte ich schreckliche Schuldgefühle.

Vor ungefähr sieben Jahren lag er an seinem sechsundachtzigsten Geburtstag, einem Freitag, im Krankenhaus. Meine Mutter – seine Tochter – war von Arizona im Süden der USA aus einmal quer durchs ganze Land gereist, um uns in Pennsylvania zu besuchen, und saß an dem besagten Tag neben meinem Mann und mir bei der ersten Tanzaufführung unserer Töchter in der ersten Reihe. Ich hatte fest vor, meinen Opa Bill anzurufen, ihm herzlich zum Geburtstag zu gratulieren und ihn zu fragen, wie es ihm in Arizona gehe. Aber in erster Linie wollte ich mit ihm über die Ewigkeit sprechen. Meine Mutter hatte mir gesagt, dass es langsam mit ihm zu Ende gehe, und deshalb war dieses Gespräch über das Leben nach dem Tode und über die Ewigkeit etwas, das ich nicht aufschieben wollte.

In der Hektik der Stunden unmittelbar vor der Aufführung, bei all dem Trubel eines Lebens mit kleinen Kindern und dem Ungehorsam, der immer dann besonders zum Vorschein kommt, wenn es hochemotional wird, rief ich ihn aber doch nicht an, weil mir einfach die Zeit davongelaufen war. Ich verschob den Anruf von Freitag auf Samstag und dann von Samstag auf Sonntag und auch am Sonntag rief ich ihn nicht an. Am Montag schrieb ich ihm schließlich eine Geburtstagskarte und legte ein paar Fotos von

Barbaras und Angelas Tanzaufführung dazu. Ich schrieb so gut ich konnte darüber, wie sehr Gott ihn liebe und was Jesus am Kreuz für ihn getan habe. Aber ich rief ihn nicht an.

Am Dienstag steckte ich den Brief in unseren Briefkasten am Haus, wo der Briefträger auch ausgehende Post mitnimmt, und so ging er auf die 3.200 Kilometer lange Reise nach Arizona.

Am Mittwoch rief meine Mutter an und teilte uns mit, dass Opa Bill am Dienstagabend gestorben sei.

Mein Brief kam also zu spät. Ich war fassungslos. Warum hatte ich nur so lange gewartet? Warum hatte ich den Impuls, ihn anzurufen, immer wieder verdrängt? Warum hatte ich nicht in dieser Hektik innegehalten, mich über all den Trubel hinweggesetzt und ihn angerufen? Ich hatte schlimme Schuldgefühle, die mich noch trauriger machten, als ich es ohnehin schon war. Nachdem ich an diesem Tag mit einigen Freundinnen geredet und gebetet hatte, wurde mir klar, dass nicht ich, sondern mein Großvater selbst für seine Beziehung zu Gott verantwortlich war, auch wenn mir natürlich die Chance und der Segen eines solchen Gespräches entgangen waren.

Ein paar Tage später sagte meine Mutter während eines Telefongespräches, sie habe der Freundin meines Großvaters, die bis zum Schluss im Krankenhaus bei ihm gewesen sei, gesagt, dass demnächst noch ein Brief von mir an ihn ankomme. Seine Freundin hatte zugesagt, den Brief an sich zu nehmen, auch wenn sie meinte, es sei sicher schwer, mit noch einem so lieben Brief von mir fertigzuwerden. Wenn es in meinem Brief wieder um das gehe, was auch in dem Brief gestanden habe, den sie und Opa Bill am Dienstagabend gelesen hätten – mit so hübschen Fotos von den Mädchen in ihren schönen Kostümen –, dann sei das zurzeit vielleicht doch ein bisschen zu viel für sie.

Damit musste der Brief gemeint sein, den ich am Dienstag abgeschickt hatte, denn es war der einzige Brief, den ich meinem Opa

Bill geschickt hatte, und Fotos von meinen Töchtern konnte ihm sonst auch niemand geschickt haben. Ich war unglaublich froh, aber auch absolut sprachlos. Der Brief, von dem ich geglaubt hatte, dass er nicht mehr rechtzeitig angekommen war, hatte für den weiten Weg von Pennsylvania bis Arizona nur einen einzigen Tag gebraucht – dank der amerikanischen Post und eines Wunders von Gott!

Was für ein Geschenk – und zwar sowohl für meinen Großvater als auch für mich. Ich hoffe, dass er ganz am Ende, in den letzten Stunden seines Lebens, noch eine persönliche Beziehung zu Jesus begonnen hat. Ich hoffe, dass er eine gesegnete Heimkehr erlebt hat und Jesus in die Arme gelaufen ist.

Was mich angeht, hat Gott mir in dieser Situation gezeigt, dass er mich einlädt, an seinem Plan beteiligt zu sein. Er braucht mich zwar nicht, um seinen Plan umzusetzen, und ob er seine Ziele erreicht, hängt nicht von mir ab. Aber wenn ich tue, was er sich von mir wünscht, und wenn ich auf seine Stimme höre, dann bin ich an seinem Wirken beteiligt und kann die Erfüllung erleben, die in einer persönlichen Beziehung zu ihm zu finden ist. Ich kann ihm die Ehre geben, die er verdient. Und ich kann an seinem Segen teilhaben. Es ist so, wie es der Prophet Jesaja gesagt hat: „Sucht den Herrn, solange er sich finden lässt! Betet zu ihm, solange er euch nahe ist“ (Jesaja 55,6). Heute – nicht morgen oder nächste Woche – ist es Zeit, zu ihm zu beten.

35
Als Gott mein Flugzeug lenkte

DONALD SEYBOLD

Ich hatte schon zuvor Notfälle gehabt. Wenn man bereits eintausend Flugstunden als Pilot hinter sich hat, dann hat man auf jeden Fall schon einmal erlebt, wie es ist, wenn etwas schiefläuft. Dass aber ein Notfall so komplex war und so anders als jedes Notfallszenario, das trainiert wird, hatte ich noch nie erlebt.

Der Flug vom Luftwaffenstützpunkt Okinawa im Süden Japans zum Marinestützpunkt Diego Garcia mitten im Indischen Ozean war sehr lang. Angeblich sollte es aber ein Routineflug sein. Das Flugzeug war zur Inspektion gewesen, und meine Aufgabe war es jetzt, die viermotorige Propellermaschine wieder auf dem Marinestützpunkt abzuliefern. Der Flug sollte insgesamt über achtzehn Stunden dauern, also beschlossen wir, einen Zwischenstopp zum Übernachten einzulegen, und zwar in einem entlegenen Luftwaffenstützpunkt in Thailand. Für meine Crew und mich war ein Übernachtungsstopp in Thailand bereits eine Entschädigung für die Langeweile während des Fluges.

Nur eine Stunde nach dem Start in Okinawa gab es Hinweise, dass irgendetwas mit dem Flugzeug nicht stimmte. Es handelte sich aber um kein schwerwiegendes Problem, sondern eine grüne Warnleuchte zeigte lediglich an, dass bei einem der Motoren die Treibstofffilter verstopft waren oder der Treibstoff verunreinigt war. Der Motor musste nach der Landung auf jeden Fall überprüft werden. Weil ich wusste, dass der Luftwaffenstützpunkt in Thailand nicht über die notwendige Ausrüstung für eine solche Wartung verfügte, entschied ich, auf einen militärischen Flugplatz auf den Philippinen auszuweichen. Ich informierte die Crew darüber und änderte den Kurs. Wenn alles reibungslos lief, konnten wir trotzdem noch in Thailand übernachten.

So weit, so gut. Der Flug verlief ohne weitere Zwischenfälle und der Motor schien keine Probleme mit dem Treibstoff zu haben. Wahrscheinlich leuchtete die Warnleuchte wegen eines defekten Sensors auf, doch das musste auf jeden Fall nach der Landung überprüft werden. Der Anflug auf die philippinische Landebahn war unauffällig, aber als das Flugzeug aufsetzte, geriet unsere Welt ins Wanken. In dem Augenblick, als wir mit dem Teer der Landebahn in Berührung kamen, fiel Motor Nummer drei aus. Ein solcher Zwischenfall wird als Flammabriss bezeichnet. Weil die drei anderen Motoren noch funktionierten, war ich nicht allzu besorgt, aber ich wusste, dass es durch den Ausfall des einen Motors länger dauern würde, bis die Maschine zum Stehen kam.

Normalerweise hat eine solche Propellermaschine eine Landegeschwindigkeit von etwa 210 Stundenkilometern, und um diese Geschwindigkeit auf null herunterzubringen, ist Umkehrschub notwendig – das heißt, die Propeller blasen Luft nach vorn vor das Flugzeug. Aber bevor wir die Notabschaltung von Motor Nummer drei beendet hatten, zeigten die Messgeräte von Motor Nummer zwei ebenfalls einen Flammabriss an. Und als ob das noch nicht gereicht hätte, passierte dasselbe kurz darauf mit Motor Nummer eins. Jetzt hatte ich nur noch einen funktionierenden Motor und eigentlich keine echte Möglichkeit mehr, das Flugzeug zum Stehen zu bringen. Ich hatte keine Kontrolle mehr über die Maschine und wusste, dass es bei einer Geschwindigkeit von über 160 Stundenkilometern nur eine Sache von Sekunden war, bis wir über die Landebahn hinausschießen und die sieben Meter tiefe Böschung hinunter ins Meer stürzen würden.

Wir taten alles, was in unserer Macht stand, damit wir das Flugzeug zum Stehen brachten. Wir setzten die verbliebenen Bremsen ein, aber da nur der Motor Nummer vier Umkehrschub erzeugte und keine Bodenlenkung möglich war, scherte das Flugzeug auf der Landebahn nach links aus. Alles, was ich von meiner Seite aus sehen konnte, war eine steile Uferböschung, eine Straße, Felsen und Wasser. Trotz des Motorenlärms hörte ich meinen Copiloten schreien, dass wir alle sterben würden. Ich hatte ehrlich gesagt dasselbe Gefühl, aber ich befahl ihm, auf die rechte Bremse zu treten, so fest er könne. Der Flugingenieur ging alle Notfallabläufe durch in der Hoffnung, die Bremsen und die Bodensteuerung doch noch wieder zum Laufen zu bringen, und ich hatte so viel Adrenalin im Blut, dass ich tatsächlich das Kabel zur Bugradsteuerung durchtrennte, die blockiert und außer Kontrolle war. Trotzdem schien klar, wie die Sache ausgehen würde: Das Flugzeug würde mit an Sicherheit grenzender Wahrscheinlichkeit zerstört werden, und alle Besatzungsmitglieder würden ums Leben kommen. Dann hörte ich plötzlich eine Stimme, die mir sagte, ich solle mehr Schubkraft geben.

Es gibt keine einzige militärische Notfallprozedur, die zusätzliche Schubkraft verlangt, und wir konnten ganz sicher nicht genügend Schubkraft aufbringen, um noch einmal durchzustarten. Alles in mir drängte mich, diesen Rat zu ignorieren. Ich tat den Gedanken also als Folge meiner Panik ab und schob ihn beiseite, aber dann kam er wieder. *Mehr Schubkraft*. Und plötzlich wurde mir klar, dass der Rat gar nicht von meiner inneren Panik rührte, sondern dass es Gott war, der mir sagte, ich solle mehr Schubkraft geben. Ich tat also, was mir gesagt wurde, und legte den Schubhebel des verbliebenen Motors auf volle Kraft. Das Flugzeug kam tatsächlich zurück auf die Landebahn, wo die Bremsen dann wieder arbeiten konnten und uns auf der Mittellinie etwa 350 Meter vor dem Ende der Landebahn zum völligen Stand brachten.

An diesem Tag wurden dreizehn Menschen gerettet, und ich weiß, dass es Gott war, der mein Flugzeug wieder auf die Landebahn gelenkt hat. Wie viele andere Christen auch wollte ich die

Kontrolle behalten und das Problem selbst lösen. Erst als ich einsah, dass ich mir nicht selbst helfen konnte, und das umsetzte, was Gott mir sagte, bekamen wir wieder die Kontrolle über die Maschine. Bei der zusätzlichen Schubkraft ging es nicht um Motoren und Treibstoff, sondern es war Gottes Kraft, es war seine Macht, die alles zum Guten wendete. Es war nicht mehr nötig gewesen, als mir einzugestehen, dass ich seine Hilfe brauchte, ihm ganz zu vertrauen und zu tun, was er wollte.

36
Der zurückhaltende Missionar

BRUCE BROYLES

Ich war mir eigentlich nie so ganz sicher, ob ich mitfahren sollte. Im Grunde war es wohl sogar eher so, dass ich nicht mitfahren wollte. Doch alle sagten, es würde ganz bestimmt eine tolle Erfahrung für mich werden. „Du solltest gehen“, sagten sie. „Es ist bestimmt gut für dich.“ Aber als ich dann das kleine Mädchen weinend weglaufen sah und ihr Geschrei auf dem Flur widerhallte, da kam mir der Gedanke, dass sie sich vielleicht doch geirrt hatten und dass ich recht gehabt hatte; ich hätte wirklich lieber zu Hause bleiben sollen.

Wir waren in St. Petersburg in Russland. Wir, das waren sechzehn Leute aus dem US-Bundesstaat Ohio, die mein Jugendfreund, der jetzt Pastor war, zu einer Hilfstruppe für Menschen in Russland zusammengebracht hatte. Eine solche Hilfsaktion wird jedes Jahr durchgeführt, und als sich herausstellte, dass die Frau meines Freundes nicht mitfahren konnte, bat er mich, an ihrer Stelle mitzukommen. Ich brachte es einfach nicht fertig, Nein zu sagen, aber ein richtiges Ja hatte ich zu der Aktion auch nicht. Daher unternahm ich wenig bis gar keine Anstrengungen, Geld für die Fahrt zusammenzubekommen, und ich beantragte erst sehr spät einen Reisepass. Aber gerade als es so aussah, als ob ich es finanziell unmöglich schaffen konnte, spendete jemand eintausend Dollar für meine Fahrt. Und dann bekam ich auch noch meinen Pass innerhalb von zwei Wochen. Während andere Mitarbeiter des Teams jede Menge Geschenke für die russischen Pastoren gekauft hatten, die ausgebildet werden sollten, hatte ich gar keine Geschenke gekauft, denn ich hatte kein Geld übrig. Als mir jemand fünfzig

Dollar schenkte, da musste sogar ich zugeben, dass es so aussah, als würde doch noch alles klappen. Meine Frau und ich gingen in ein Geschäft und kauften so viel, wie wir für das Geld bekommen konnten, und als wir schon kurz vor der Kasse waren, legte ich noch eine Packung Filzstifte in den Einkaufswagen. Ich war bereit für den Einsatz.

Doch im Grunde war ich es nicht. Als wir in Russland ankamen, fühlte ich mich absolut fehl am Platze. Allen anderen gelang es sehr schnell, mit den Menschen in Russland in Kontakt zu kommen, doch bei mir wollte es nicht so recht klappen. Ich schaffte es nicht mal, einfach etwas Nettes zu tun, wie beispielsweise eine Packung Filzstifte zu verschenken, die ich für fünf Dollar gekauft hatte. Irgendwann ging ich einen Flur entlang und hielt nach jemandem Ausschau, dem ich die Stifte schenken konnte. Da kam ein kleines Mädchen auf mich zu. Ich gab ihr die Packung und sie nahm sie auch an, aber dann fing sie an zu weinen und rannte davon. Was hatte ich getan? Hatte ich irgendeinen Fauxpas in Bezug auf die Landessitten begangen?

Ich stand immer noch dort auf dem Flur und bedauerte mich selbst, als das kleine Mädchen wieder zurückkam. Jetzt war sie in Begleitung ihres Vaters – der nur sehr wenig Englisch sprach und nach einem der Übersetzer Ausschau hielt – und die Kleine weinte nicht mehr. Sie sah sogar ziemlich glücklich aus. Der Übersetzer kam und erklärte, jeder hier wisse, dass ihre ältere Schwester unglaublich gerne zeichne und auch schon Papier, Stifte und anderes Zeichenmaterial geschenkt bekommen habe. Das kleine Mädchen habe gehofft, ebenfalls Material zum Zeichnen zu bekommen, aber das sei bis zu diesem Augenblick nicht geschehen.

Der Vater der Kleinen habe gesagt, sie solle doch dafür beten. Gott werde sicher dafür sorgen, dass sie bekomme, was sie brauche. Und das habe Gott ja dann auch wirklich getan. Deshalb habe sie so laut geweint.

Ich war weit gereist, damit Gott mich dazu einsetzen konnte, das Gebet eines kleinen Mädchens zu erhören. Und das fühlte sich richtig gut an.

37
Der Mann im Anzug

JAMIE SCHULL

Entweder rette mich, Jesus, oder hole mich jetzt gleich zu dir.

Nachdem ich auf der Straße die Kontrolle über mein Fahrzeug verloren hatte und eine Böschung hinabgestürzt war, lag das Auto auf dem Dach im Schmelzwasserablauf des Flusses. Bei dem Unfall war das Sonnendach des Wagens abgerissen, und deshalb war der Innenraum blitzschnell mit eiskaltem Wasser vollgelaufen. Es war dunkel dort unten und entsetzlich kalt. Unter allergrößter Anstrengung gelang es mir, mich abzuschnallen. Aber die Seitenfenster und die Tür konnte ich nicht öffnen. Jetzt saß ich – im wahrsten Sinne des Wortes – in der Klemme. Verzweifelt suchte ich im Wageninneren nach einer Luftblase. Ich fand tatsächlich eine, und sie war gerade groß genug, dass ich meinen Kopf hineinstecken und Luft holen konnte. Mein Herzschlag wurde immer langsamer, und ich erinnere mich noch daran, dass ich in dem Moment betete: *Entweder rette mich, Jesus, oder hole mich jetzt gleich zu dir.*

Obwohl das Wasser so kalt war, dass es schmerzte, empfand ich nach diesem sehr kurzen Gebet Wärme und Frieden. Und ich fand, dass mein Leben mit achtzehn Jahren einfach noch zu kurz war, um schon zu Ende zu sein.

Plötzlich hörte ich jemanden sprechen. Ein Teil des Wassers floss aus dem Wagen heraus, und Licht fiel herein, als die Autotür aufging. Ich sah zwei Männer, einen jungen Schwarzen und einen etwas älteren Weißen in einem schwarzen Anzug. Da mein Wagen ja auf dem Dach lag, stand der junge Mann auf dem Boden des Autos. Er griff nach unten zur Tür hinein, um mich nach oben herauszuziehen.

Oben am Rand der Böschung sah ich zahlreiche Schaulustige neben einem Krankenwagen stehen, und ich spürte jemanden neben mir, der mir eine Decke um die Schultern legte. Leute fragten, ob ich verletzt sei. Ich schaute mich um auf der Suche nach den beiden Männern, aber der ältere in dem schwarzen Anzug war nicht mehr da.

Im Krankenhaus, wo ich wegen meiner starken Unterkühlung behandelt wurde, erfuhr ich später, was passiert war. Der junge Typ, der mich herausgezogen hatte, meinte, unten im Fluss einen auf dem Kopf liegenden Wagen gesehen zu haben. Er hatte seinen Vater überzeugt anzuhalten, war die Böschung hinuntergeklettert und dann auf den aus dem Wasser ragenden Boden meines Wagens gestiegen. Auf diese Weise wollte er feststellen, ob sich noch jemand in dem Autowrack befand, und falls ja, ob diese Person noch am Leben war. Der junge Mann konnte nicht schwimmen, aber es war ihm trotzdem gelungen, die Tür des Wagens zu öffnen und mich herauszuziehen. Ich fragte die Polizisten am Unfallort, wer denn der andere Mann gewesen sei, der im Anzug. Aber niemand hatte den Mann gesehen, und so war ich sehr dankbar, stand aber auch vor einem Rätsel.

Das Rätsel wurde noch großer, als ich noch einmal zum Unfallort zurückging, um nachzuschauen, ob ich noch irgendetwas aus dem Wagen retten konnte. Beide Autotüren waren durch Kies und Sand blockiert, der bis zur Mitte der Türen reichte. Die Leute am Unfallort, die den Wagen bergen wollten, konnten sich nicht erklären, wie jemand die Tür mit der Hand hatte öffnen können.

Ein Jahr nach dem Unfall war ich zu Besuch bei meiner Großmutter. Sie schlug vor, gemeinsam alte Fotos anzuschauen, denn ich hatte noch nie ein Foto von meinem Großvater gesehen, der mit achtunddreißig Jahren an einem Herzinfarkt gestorben war. Mein Vater, der damals erst vierzehn Jahre alt war, hatte mir nur ein paar Mal von ihm erzählt, als ich noch ein kleines Mädchen war. Meine

Großmutter holte also ein altes Foto von ihm hervor und reichte es mir. „Hier ist er als junger Mann in seiner Soldatenuniform."

Es war ein richtiger Schock. Ich konnte mich nicht erinnern, jemals dieses Bild – oder irgendwelche anderen Bilder von meinem Großvater – gesehen zu haben, aber ich erkannte ihn sofort wieder. Es war der Mann im Anzug, der bei meinem Unfall geholfen hatte, mich zu retten, daran hatte ich absolut keinen Zweifel.

Ich bin mir sicher, dass Gott dem jungen Mann das Autowrack gezeigt und ihm den Mut gegeben hat, mir das Leben zu retten. Und ich bin mir sicher, dass Gott ihm meinen Großvater zu Hilfe geschickt und dass Gott mich am Leben erhalten hat, weil er noch etwas mit mir vorhatte. Heute bin ich Mutter von fünf wunderbaren Kindern, und ich weiß ohne jeden Zweifel, wie wahr dieser wundervolle Bibelvers ist: „Das eine aber wissen wir: Wer Gott liebt, dem dient alles, was geschieht, zum Guten. Dies gilt für alle, die Gott nach *seinem* Plan und Willen zum neuen Leben erwählt hat" (Römer 8,28).

38
Fürchte dich nicht

MIRIAM MCCLOWRY

Der 15. April 2013 sollte ein richtiges Fest für mich werden. Es war eine Chance, mich inmitten von Tausenden anderer Läufer beim renommiertesten Marathonlauf der Vereinigten Staaten zu testen. Ich freute mich darauf, mich auf dem hügeligen Kurs zu Höchstleistung anzutreiben und eine neue persönliche Bestzeit zu laufen. Manche der Teilnehmer erinnern sich im Zusammenhang mit dem Boston Marathon an die Zeit, die sie gelaufen sind. Aber was diesen Event in dem betreffenden Jahr am allermeisten kennzeichnete, war der Tod mehrerer Menschen. Und für mich war es der Tag, an dem ich erlebt habe, wie Gott mich auf machtvolle Weise bewahrte.

Aber lassen Sie mich am Anfang beginnen. Für die Fastenzeit in dem besagten Jahr hatte ich mir vorgenommen, mich an einen Bibelleseplan zu halten, nach dem man in sieben Wochen die gesamte Bibel durchlesen kann. Genau wie mein Training für den Marathon war auch das Bibellesen gut gelaufen, aber an dem Wochenende unmittelbar vor dem Lauf geriet ich mit dem Bibelleseplan in Rückstand. Am Sonntagabend – dem Abend vor dem Lauf – las ich deshalb vor dem Schlafengehen den Text, der eigentlich für den Tag davor gedacht gewesen war. Es war Psalm 27, und ich freute mich über die Worte Davids:

Der Herr ist mein Licht, er rettet mich.
Vor wem sollte ich mich noch fürchten?
Bei ihm bin ich geborgen wie in einer Burg.
Vor wem sollte ich noch zittern und zagen?

Vertraue auf den Herrn!
Sei stark und mutig,
vertraue auf den Herrn! (V. 1+14)

Ich lächelte. Welchen besseren Bibeltext konnte es für eine nervöse Läuferin wenige Stunden vor dem Start geben? Ich hatte ja keine Ahnung, wie gut diese Worte dann tatsächlich passen sollten.

Vier Monate Training lagen hinter mir, endlich war der Morgen des Marathons gekommen. Ich war rechtzeitig in der Vorbereitungszone für die Läufer und fand einen Platz auf einer Wiese, wo ich noch zwei Stunden vor dem Lauf lesen und mich entspannen konnte. Als Schutz vor der Kälte hatte ich meine Kapuze über den Kopf gezogen. Während ich mit dem Kopf tief über eine Zeitschrift gebeugt dasaß, trat von hinten eine Frau an mich heran, kniete sich neben mich, legte mir eine Hand auf die Schulter und sagte: „Darf ich Sie etwas fragen?"

„Klar", antwortete ich.

„Vielleicht finden Sie das jetzt ein bisschen seltsam, aber darf ich für Sie beten?"

„Ja, das dürfen Sie. Ich trage sogar einen Rosenkranz bei mir", sagte ich und zog meinen Ärmel ein wenig hoch, um den Rosenkranz zu zeigen, den ich wie ein Armband ums Handgelenk trug. Darüber wunderte sich die Frau gar nicht, sondern sie nahm es hin, als wäre die Tatsache, dass ich Christin war, gar nichts Neues für sie. Dann legte sie mir den Arm um die Schultern und betete.

„Herr, ich bitte dich, dass du Miriam auf der Strecke behütest. Sorge du für ihre Sicherheit und gib ihren Beinen genügend Kraft, es bis ins Ziel zu schaffen. Schenke, dass sie keine Krämpfe bekommt. In Jesu Namen. Amen."

Ich bedankte mich und drehte mich noch einmal um, weil ich sehen wollte, für wen sie als Nächstes betete, aber ich konnte sie nirgends mehr entdecken. Sie war verschwunden. Darüber war ich ein wenig verwundert. Wo war die Frau geblieben? Warum war sie zu mir gekommen und hatte mich angesprochen? Woher hatte sie meinen Namen gekannt? Sie hatte weder Laufkleidung noch die Weste der freiwilligen Helfer getragen, und meine Sporttasche mit dem Namensschild hatte sie nicht sehen können. Ich habe schon an Hunderten von Läufen teilgenommen, aber es hat mich noch nie jemand gefragt, ob er für mich beten dürfe. Trotz allem war ich dankbar, dass sie es getan hatte.

Ich machte mich auf den Weg zur Startlinie und verstaute im Gehen den Rosenkranz in der Tasche meiner Laufshorts. Als der Startschuss fiel und ich darauf wartete, dass sich das riesige Läuferfeld in Bewegung setzte, betete ich einfach das Vaterunser mit, das die drei Läuferinnen hinter mir sprachen. Und dann ging es auch schon los.

Das Rennen lief gut. Ich blieb ungefähr an dem Platz im Feld der Läufer, für den ich trainiert hatte, und betete im Stillen immer wieder den Vers, in dem es heißt, dass wir alles tun können durch den, der uns stark macht, Christus. Das alles half mir dabei, den Lauf durchzustehen. Nach etwa 41,5 Kilometern bog ich endlich in die Boylston Street ein, nahm den Jubel und die Anfeuerungsrufe der Zuschauer wahr und sah die blau-gelbe Ziellinie vor mir auftauchen. Meine Uhr zeigte 3 Stunden, 25 Minuten und 17 Sekunden an, als ich die Ziellinie überquerte – meine persönliche Bestzeit. Ich zog den Rosenkranz aus der Hosentasche und hielt ihn für mein Ziellinienfoto hoch. Gott hatte mir geholfen.

Ich ging weiter durch den Zieleinlaufbereich und wurde von einer freiwilligen Helferin angehalten, die sagte, ich sehe sehr blass aus. Sie forderte mich auf, mich in einen der bereitstehenden Rollstühle zu setzen, und schob mich ins Sanitätszelt. Dort blieb ich und ruhte mich aus, aber nach einer Viertelstunde ging es mir wieder gut und ich konnte gehen. Ich suchte meine Sportsachen und meine Tasche zusammen und schrieb eine SMS an meine Familie, die in einem Restaurant in der Boylston Street zwei Blocks entfernt bei Kilometer 40,6 saß, dass sie dort bleiben sollten, wo sie wären, ich käme später auch dorthin.

Meine Mutter schrieb zurück: *Okay, wir sind so stolz auf dich.* Das war das Letzte, was ich für die nächsten paar Stunden von ihnen hörte.

In dem Moment, als die beiden Bomben explodierten, waren all das empfundene Glück und mein Stolz von einem Moment auf den anderen verschwunden. Es war, als ob der Lärm der Explosionen jede Person, die in meiner Nähe stand, in Angst versetzte. Mit vor Schreck weit aufgerissenen Augen, die Hände vor Entsetzen vor den Mund geschlagen, rannten die Zuschauer davon, und Läufer blieben wie gelähmt stehen. Viele Menschen weinten. In nur einem einzigen Moment wurde alles auf den Kopf gestellt. Als auf den Straßen lauter Krankenwagen und Polizeiwagen mit heulenden Sirenen fuhren, hatte ich das dringende Bedürfnis zu erfahren, wo meine Familie war und ob alle in Sicherheit waren. Aber was sollte ich tun? Was war, wenn es noch eine dritte Bombe gab? Wo konnte ich mich selbst in Sicherheit bringen? Über Handy erreichte ich meine Familie nicht, also lief ich in den folgenden zwei Stunden auf der Suche nach ihnen ziellos in der Gegend umher. Irgendwann erfuhr ich, dass sie in Sicherheit waren, und nach einer ganzen Weile konnte ich meine Mutter und meine Schwestern im Hotel in die Arme schließen.

An diesem Abend beantwortete ich viele Anfragen besorgter Freunde und auch Verwandter. Es war unter anderem eine SMS von einer Freundin dabei, die Ordensschwester ist. Sie schrieb, sie habe an diesem Tag ganz speziell für mich gebetet, und da musste ich wieder an die Frau am Start denken, die für mich gebetet hatte. Die Gebete beider Frauen waren erhört worden: Meine Beine waren stark genug gewesen, um meine persönliche Bestzeit zu laufen, und ich war bewahrt worden vor der Gefahr, die an der Ziellinie gelauert hatte. Hätte ich mich nur eine halbe Stunde länger im Sanitätszelt ausgeruht, wäre ich nur wenige Meter von der Explosion entfernt gewesen. In dieser Nacht schlief ich mit der Gewissheit ein, dass Gott mich an dem Tag auf machtvolle Weise bewahrt hatte.

Am nächsten Morgen schlug ich den Bibelleseplan für den Tag auf. Es war Johannes 6,30, und dort stand: „Was tust du für ein Zeichen, damit wir sehen und dir glauben?“ (LÜ) Gott hatte recht. Ich brauchte mich nicht zu fürchten; er hatte mir an dem Tag einen Schutzengel geschickt. Wenn ich mir ein Zeichen dafür gewünscht hatte, dass er mich liebte und beschützte und dass ihm etwas an mir lag, dann hatte ich es auf jeden Fall klar und deutlich bekommen.

39

Eine Handvoll Kleingeld

JESSICA REYES

Ich war auf dem Weg nach Hause. Dazu musste ich mit zwei Bussen fahren, und nachdem ich das Fahrgeld für den ersten bezahlt und sogar einen Fensterplatz ergattert hatte, wurde mir schlagartig bewusst, dass ich nicht mehr genug Geld für den zweiten Bus hatte. Eine EC-Karte hatte ich nicht dabei und auch sonst keine Möglichkeit, an Bargeld zu gelangen. Im Kopf ging ich durch, welche Möglichkeiten ich jetzt hatte. Ich konnte ein Taxi nehmen und dann bei der Ankunft meine Mutter bitten, es zu bezahlen. Aber was war, wenn sie nicht zu Hause war oder nicht so viel Bargeld im Haus hatte? Ich konnte dem Fahrer des nächsten Busses meine Situation erklären, sodass er mich vielleicht umsonst mitfahren ließ. Aber eine kostenlose Busfahrt war nichts, worauf man unbedingt seine ganze Hoffnung setzen sollte. Andere Alternativen gab es nicht.

Also fing ich an zu beten. Ich redete mit Gott so, wie man mit einem Freund oder mit den Eltern reden würde. *Herr, ich muss nach Hause, aber ich habe kein Geld. In deinem Wort steht, dass du für alles sorgst. Ich habe keine Ahnung, wie du das anstellen willst, aber weil du es versprochen hast, vertraue ich dir diese Notlage jetzt an.*

Auf dem Rest der Fahrt versuchte ich, nicht mehr an das Problem zu denken, aber als wir am Busbahnhof ankamen, machte ich mir wieder Sorgen. Statt weiter zu beten, versuchte ich erneut, selbst eine Lösung zu finden. Ich konnte beispielsweise bei den Telefonzellen des Busbahnhofes nach vergessenen Münzen suchen. Die Leute vergaßen doch ständig, ihr Restgeld mitzunehmen, und es gab mindestens fünfzehn Telefone, bei denen ich nachschauen konnte.

Ich blieb stehen. Bevor ich mich selbst zum Affen machte und auf all die Münzrückgabeknöpfe drückte, wollte ich erst nachschauen, wie viel Geld ich eigentlich genau brauchte. Eine schnelle Suche in den hintersten Winkeln meiner Manteltaschen förderte einen zerknüllten Kassenbon, eine Kaugummiverpackung und 1,25 Dollar zutage. Gut. Jetzt brauchte ich nur noch einen Dollar.

Noch einmal zählte ich mein Kleingeld – nur zur Sicherheit –, als ich von jemandem unterbrochen wurde.

„Entschuldigung … entschuldigen Sie bitte. Brauchen Sie Kleingeld?“ Ich blickte auf und stand zu meiner Überraschung einem Mann gegenüber, der offensichtlich obdachlos war. Sein Haar war zottelig und ungepflegt, und er trug einen schweren schwarzen Wintermantel, obwohl es dafür viel zu warm war. In der linken Hand hielt er ein Bier und in der rechten, mit der er vor mir herumwedelte, etliche Münzen.

Ich war ziemlich perplex. Eigentlich wollte ich ablehnen. Wie soll man denn von einem Obdachlosen Geld annehmen? Brauchte er es nicht selbst viel dringender als ich? Aber ich dachte auch an mein Gebet. Ich hatte Gott ja um Hilfe gebeten, oder? Hier war seine Antwort.

Noch einmal fragte mich der Mann etwas nuschelnd: „Brauchen Sie Kleingeld?“

„Ja“, stotterte ich. „Aber ich brauche nur einen Dollar.“

„Neee!“, sagte er und wedelte wieder mit dem Kleingeld vor meiner Nase herum. „Bitte nehmen Sie doch alles.“

„Nein, vielen Dank, das möchte ich nicht. Ich brauche nur einen Dollar, damit ich mein Ticket bezahlen kann.“ Daraufhin öffnete er seine Faust, hielt sie mir hin und sagte, ich solle so viel nehmen, wie ich bräuchte. Und das tat ich dann auch und bedankte mich für seine Freundlichkeit.

„Tschü-üs“, rief er mir nach, als ich wegging. „Und Gott segne Sie.“

Den ganzen Heimweg, erst im Bus und dann die letzten paar Minuten Fußweg, hatte ich das Gefühl zu schweben. Ich dankte Gott immer wieder und lobte ihn, und dann dankte ich ihm wieder. Gott liebte mich, und er sorgte für mich auch in den kleinsten Dingen. Das sieht Gott doch ähnlich, so auf einen zuzukommen und zu helfen, oder? Und so lehrte er mich nicht nur, ihm zu vertrauen, sondern gleichzeitig half er mir auch noch, die Menschen so anzusehen, wie er es tut.

In meiner wundersamen Begegnung kommt keine Wunderheilung vor und auch keine Vision von Gott, und es ging dabei auch nicht darum, dass ich in Gefahr war oder erleben musste, wie schwer und bitter Trauer ist. Aber bis heute erinnert mich dieses Erlebnis daran, dass Gott uns auch in unseren kleinen Nöten hilft und dass er uns genau hört, auch wenn wir befürchten, dass er es nicht tut. In erster Linie ist es eine Geschichte über Gottes wunderschönen, unbändigen Humor und über die wunderbare Weise, wie er unsere Annahmen und Vermutungen auf den Kopf stellt.

40
Befreit

PAUL HOLWAY

Wenn man ein zehnjähriger Junge ist und nach einem Weg sucht, den Schmerz loszuwerden, der wie Säure in einem brennt, dann sucht man auf die seltsamste Art und Weise Linderung. Manche mobben ihre Schulkameraden, andere ärgern ihre Lehrer, ich wählte einen anderen, sehr viel schlimmeren Weg. Meine Wut und mein Schmerz saßen viel zu tief für eine einfache Lösung, und schon bald sollte ich dadurch einen Teil meines Lebens und das Leben vieler anderer für immer zerstören.

Ich bin in einer christlichen Familie mit einem älteren Bruder und einer jüngeren Schwester aufgewachsen. Wir gingen jeden Sonntag zur Kirche, und ich erfuhr etwas über Gott und las alle Geschichten aus der Kinderbibel. Mein Vater war Christ und sehr engagiert in unserer Gemeinde. Deshalb war er oft bei Veranstaltungen oder Sitzungen in der Gemeinde und eher selten zu Hause. Ich sah ihn aber regelmäßig, wenn er morgens nach dem Aufstehen mit uns betete. Meine Kindheit schien, genau wie meine Familie, so normal und intakt wie jede andere.

Aber genauso, wie ich von Jesus nicht mehr kannte als die Geschichten über ihn in der Kinderbibel, so wusste ich auch kaum etwas über meinen Vater. Meine Mutter dagegen kannte ich sehr viel besser. Ich erinnere mich noch gut daran, wie meine Haut brannte, als sie mich zum ersten Mal ohrfeigte, und wie aus der roten Stelle, die die Ohrfeige hinterlassen hatte, am nächsten Morgen langsam ein blauer Fleck wurde. Ich kannte das Gefühl, wie während der halbstündigen Busfahrt von der Schule nach Hause langsam die Angst in mir aufstieg, wenn ich in der Schule Ärger bekommen hatte; Kilometer für Kilometer, Minute für Minute wuchs meine Angst, meiner Mutter gegenüberzutreten. Es war nicht weiter verwunderlich, dass ich mich in der Schule übel aufführte und regelmäßig zum Schuldirektor musste.

Mit zehn Jahren war ich noch ziemlich klein und stämmig und dadurch wahrscheinlich ein ideales Mobbingopfer. Weil ich mich nicht wehren konnte, nahm ich die Misshandlungen einfach hin. Ich konnte mit niemandem darüber reden und wusste keine andere Lösung, als meine Gefühle ganz tief in mir zu vergraben. Weil ich mit meiner Situation nicht fertigwurde, quälte ich Tiere und tötete sie. Die konnten sich genauso wenig wehren wie ich.

Ich war auf jeden wütend, aber am allermeisten war ich auf Gott wütend. Obwohl ich gar nicht richtig wusste und verstand, wer Gott war, gab ich ihm für alles die Schuld. Ich hasste ihn dafür, dass er mir dauernd meinen Vater wegnahm. Er war schuld daran, dass ich nicht in meine Familie passte und auch in der Schule mich nicht einordnen konnte. Ich war ein Loser, und mein Selbsthass wurde immer größer. Immer häufiger überlegte ich, wie ich mich am besten umbringen konnte. Wenn der Schulbus mich zu Hause absetzte, stellte ich mir vor, wie ich mich vor die Räder warf und vom Bus überrollen ließ. Wenn ich draußen kletterte, stellte ich mich oft an den Rand einer Klippe und überlegte, einfach hinunterzuspringen, um dem Ganzen ein Ende zu machen. Aber ich hatte zu viel Angst, um irgendetwas davon wirklich in die Tat umzusetzen. Und dadurch wird das, was als Nächstes geschah, noch unbegreiflicher.

Es war der 7. November 1988. Ich war damals zwölf Jahre alt und erlebte wieder einmal einen absolut katastrophalen Tag. In der Schule hatte ich richtig viel Ärger gehabt und ich wusste, dass es noch mehr Ärger geben würde, wenn ich nach Hause kam. Auf der Heimfahrt im Schulbus überlegte ich, wie ich der Strafe, die ich unweigerlich bekommen würde, entgehen konnte. Ich hatte unglaubliche Angst davor, meiner Mutter gegenüberzutreten, aber was blieb mir anderes übrig? Weglaufen konnte ich nicht, weil ich nicht wusste, wohin. Schließlich überlegte ich mir einen Plan. Laut meinen Überlegungen würden alle vergessen, was ich in der Schule angestellt hatte, und meine Mutter würde mich nie wieder anrühren. Der Plan war unfassbar, und selbst jetzt noch, fünfundzwanzig Jahre später, schaudert es mich, wenn ich nur daran denke. Ich beschloss nämlich, meine kleine Schwester Belinda zu erschießen.

Sobald ich zu Hause war, nahm ich das Jagdgewehr meines Vaters, lud es und ging in ihr Zimmer, wo sie spielte. Als Belinda mich sah, fragte sie, was ich denn wolle, aber ich antwortete nicht. Das Gewehr hatte sie gar nicht bemerkt. Ich zielte auf sie und schoss. Schon in dem Augenblick, als das Gewehr losging, geriet ich in Panik. Meine Ohren klingelten noch vom Knall des Schusses, und ich roch den starken Pulvergeruch. Dann rannte ich schreiend durchs ganze Haus. Meine einzige Idee war, meine Mutter auf der Arbeit anzurufen. Was ich gerade getan hatte, fühlte sich in dem einen Moment absolut real an und dann wieder, als ob ich träumte. Meine Gedanken und Gefühle waren ein einziges Chaos. Nach einer Zeit, die sich wie eine Ewigkeit anfühlte, kamen Notarzt, Polizei und meine Mutter zur Tür hereingestürmt. Die Sanitäter brachten Belinda zum Krankenwagen und rasten mit ihr ins Krankenhaus. Meine Mutter fuhr in unserem Auto hinterher und sagte nur immer und immer wieder: „Warum hast du das getan?“ und: „Bete, dass sie das überlebt“.

Belinda starb auf dem Weg ins Krankenhaus. Sie war erst acht Jahre alt.

Noch am selben Abend kam ich ins Bezirksgefängnis. Ich erinnere mich, dass mein Vater zunächst bei mir blieb, damit ich nicht allein war. Ihn bei mir in der Zelle zu haben, war zwar ein echter Trost, aber der Trost konnte mir letztlich auch nicht weiterhelfen. Dadurch, dass ich Belinda getötet hatte, war etwas in meinem

Herzen gestorben. Es fühlte sich an, als ob ein Teil meiner Seele herausgerissen worden wäre. An diesem Abend und die ganze Nacht weinte ich, bis keine Tränen mehr kamen. Später wurde ich zu einer Jugendstrafe von fünf Jahren verurteilt. Während dieser Zeit wuchs mein Hass aufs Leben weiter, und mein Herz verhärtete sich immer mehr.

Jahre später erzählte mir meine Mutter, dass sie mir an dem Tag, an dem ich Belinda erschossen hatte, in die Augen geschaut und dort etwas Böses gesehen habe. Das sei nicht ihr Sohn gewesen. Ich hätte sie damals angeschaut, als wäre ich von etwas besessen gewesen. Als sie mich dann das nächste Mal gesehen habe, sei es nicht mehr da gewesen.

Als Zwölfjähriger, der zusammen mit Vierzehn- bis Siebzehnjährigen eingesperrt war, musste ich schnell erwachsen werden. Ich lernte, für mich allein zu bleiben, den Mund zu halten und mit meiner Umgebung zu verschmelzen, damit ich nur ja nicht auffiel und in Ruhe gelassen wurde. Im Umfeld von völlig gleichgültigen Vollzugsbeamten und einem Heer jugendlicher Straftäter musste ich mir das meiste, was es zu lernen gab, selbst beibringen. Ich durchlief so viele Therapien, dass ich es nicht mehr ertragen konnte, und ich lernte recht schnell, genau das zu sagen, was die Therapeuten hören wollten, damit ich meine Ruhe hatte.

In meinem Herzen wurde nichts heil, und die inneren Kämpfe blieben. In mir war so viel Schmerz, Trauer und Hass, dass ich anfing, mich selbst zu verletzen. Ich rammte meinen Kopf gegen die Wand und schnitt mir mit Rasierklingen in Hände und Arme. Ich war mir sicher, dass ich Schmerzen verdient hatte. Wenn ich mich selbst bestrafte, dann fühlte ich mich eine Zeit lang besser, aber das hielt nie lange an; denn mich besser zu fühlen, machte alles nur noch schlimmer.

Als ich sechzehn war und ich noch ein Jahr meiner Strafe abzusitzen hatte, wurde mir eine Gitarre genehmigt, und ich brachte mir selbst das Spielen bei. Nach meiner Entlassung hatte ich vor, Rocker zu werden, in Bars herumzuhängen und mich zu prügeln. Mehr wollte ich nicht. Menschen interessierten mich nicht, warum also sollte ich etwas anderes tun, als zu trinken und mich zu prügeln? Aber dann geschah etwas Seltsames. Ständig besuchten mich Leute, die ich gar nicht kannte, und sprachen mit mir über Gott. Das geschah so häufig, dass ich mich langsam fragte, ob es Gott vielleicht doch gab. Die Menschen, die mich besuchten, schienen jedenfalls davon überzeugt zu sein. Sie urteilten nicht über mich wie alle anderen, und sie sahen echt glücklich aus. Ich war sehr neugierig, was es war, das sie so anders erscheinen ließ. Wenn sie mich besuchten, dann hatte ich einen Hauch leiser Hoffnung. Aber diese Hoffnung wurde meist sofort wieder zunichtegemacht, wenn ich zurück in meiner Zelle war.

Eines Tages bekam ich Besuch von einer Frau, die ich noch nie zuvor gesehen hatte. Sie schenkte mir eine Bibel, setzte sich zu mir und betete mit mir. Danach kam sie mich regelmäßig ein paarmal pro Monat besuchen. Ich mochte sie. Auch hörte ich gern der Gruppe von christlichen Bikern zu, wenn sie einmal im Monat kamen, um mit uns Jugendlichen in der Bibel zu lesen. Die erste Saat meines Interesses für Gott begann zu keimen, denn meine Eltern hatten natürlich nie aufgehört, für mich zu beten. Und auch in unserer Gemeinde war immer für mich und meine Familie gebetet worden. Sogar im Gefängnis war Gott bei mir, auch in meiner dunkelsten Zeit.

Nachdem ich aus dem Gefängnis entlassen worden war, lebte ich wieder zu Hause und begann mein Abschlussjahr auf der Highschool. Das war eine sehr schwierige Umstellung. Ich musste wieder in das Haus einziehen, in dem ich meine Schwester umgebracht hatte. Ihr Zimmer war zwar renoviert worden und sah nun anders aus, aber ich fühlte mich dort trotzdem noch sehr unwohl. Ich hatte nicht das Gefühl, dort hinzugehören – weder in das Haus noch zu meinen Eltern. Ich erlebte sie nicht als Mutter und Vater. Ich wusste zwar, dass sie mir vergeben hatten und dass sie mich mit offenen Armen wieder zu Hause aufnahmen, aber durch meine fünf Jahre Haft hatten wir uns in jeder Hinsicht auseinandergelebt. Alles, was es über das Erwachsenwerden zu lernen gab, war mir von den älteren Jugendlichen im Gefängnis beigebracht worden. So hatte mir beispielsweise ein Zellennachbar gezeigt, wie man sich rasiert. Sachen, die man normalerweise vom Vater lernt, wurden mir von Mitgefangenen gezeigt. Ich vermied es auch, mit meinen Eltern oder sonst jemandem über Belinda zu sprechen. Wie soll denn jemand den Menschen in die Augen sehen, deren Tochter er getötet hat? Ich konnte es jedenfalls nicht.

In der Schule hatte sich jedoch etwas geändert. Hatte ich mich früher absolut isoliert gefühlt, war ich jetzt bei einigen der Schüler richtig anerkannt. Ich schloss mich sogar einigen der alten Freunde von früher an. Mit ihnen trank ich viel und rauchte Haschisch, und dann nahm ich auch Speed. Wenn ich morgens aufwachte, hatte ich manchmal so heftiges Herzrasen, dass ich Angst hatte, es könnte explodieren.

Oft fuhr ich mit dem Auto die etwa zehn Kilometer in die Stadt und wieder zurück, häufig bekifft und high von Pillen, aber ich hatte nie einen Unfall, selbst bei Eis und Schnee nicht, obwohl viele andere Menschen bei diesem Wetter Unfälle hatten und dabei ums Leben kamen. Manchmal konnte ich mich nicht einmal daran erinnern, wie ich aus der Stadt nach Hause gekommen war, aber Gott passte auf mich auf.

Und wie dankte ich es ihm? Ich tat ein paar sehr üble Dinge, und ich hatte einen unglaublichen Hass auf mich selbst, ritzte mich mit einem Messer an den Armen oder fügte mir mit einem Feuerzeug selbst Verbrennungen zu. Obwohl ich meine Strafe abgesessen hatte, glaubte ich immer noch, dass ich bestraft werden musste. Ich schnitt mir so tief ins linke Handgelenk, dass ich einen Nerv und eine Sehne durchtrennte und in zwei Fingern kein Gefühl mehr hatte.

Aufgerüttelt wurde ich, als ich aus einem der Zimmer eines Hotels, in dem ich arbeitete, eine Pistole stahl. Ich wurde einer schweren Straftat angeklagt, denn als Vorbestrafter durfte ich keine Waffe in meinem Besitz haben. Nur durch Gottes Gnade erwirkte mein Anwalt eine Strafe mit drei Jahren Bewährung. Und das war der Moment, in dem mir glasklar wurde, dass sich sofort etwas ändern musste, sonst wäre es vorbei mit mir. Ich brauchte einen völligen Neuanfang mit anderen Freunden. Also zog ich aus der Stadt weg und bei einer Frau ein, mit der ich inzwischen verheiratet bin. Ich rauchte immer noch Haschisch und trank Alkohol, aber ich schluckte keine Pillen mehr. Bald darauf traf ich ein paar Biker, die Christen waren, und eines Tages luden sie mich in ihre Gemeinde ein. Ich war zu dem Zeitpunkt schon verheiratet, aber meine Frau wollte nicht dorthin mitkommen. Also ging ich allein, weil ich so verzweifelt war.

Als der Pastor im Gottesdienst das Schlussgebet sprach, brach in mir urplötzlich ein Sturm von Gefühlen los. All die Gefühle, die ich so lange in mir verschlossen und für mich behalten hatte – all die Menschen, denen ich wehgetan hatte; all die Leben, die ich zerstört hatte –, all das kam plötzlich hoch. Ich weinte und konnte einfach nicht wieder aufhören. Ich wollte aufstehen und gehen, aber mein Freund hielt mich auf und rief den Pastor zu uns herüber.

Dem erzählte ich alles, von dem Hass, den Diebstählen, den Drogen und auch, dass ich meine kleine Schwester getötet hatte. Ich hatte nichts mehr zu verbergen. Erst dachte ich, er würde mich jetzt wegen all dieser schrecklichen Sachen, die ich getan hatte, ablehnen. Da wäre er ganz sicher nicht der Erste gewesen, aber stattdessen fragte er mich, ob ich beten wolle. Er forderte mich auf zuzugeben, dass ich Fehler gemacht hatte. Ich solle alles Gott sagen, ihn dann um Vergebung bitten und seinen Sohn Jesus Christus als meinen Herrn und Erlöser annehmen, der gestorben sei, damit ich nicht die Strafe zu tragen bräuchte, die ich eigentlich verdient hätte. Diese Worte veränderten mein Leben völlig. Von dem Augenblick an war mir wirklich vergeben.

Vergebung ändert zwar alles, aber sie ist keine Wunderdroge. Das Leben war auch danach noch schwer, und ich musste mit den Folgen all meiner schlechten Entscheidungen leben – in meiner Ehe, meinem Herzen und meiner Seele, und es vergeht kein Tag, an dem ich nicht an meine Schwester denke. So weit Gott mich inzwischen auch schon gebracht hat, gibt es auch heute immer noch Tage, die schwer auszuhalten sind. Wenn ich meine Vergangenheit anschaue, dann weiß ich, dass ich ein Mörder, ein Lügner, ein Dieb und ein Ehebrecher bin. Ich habe die falschen Prioritäten gesetzt, habe den Namen Gottes verflucht und meine Eltern nicht geehrt. Aber meine Geschichte ist damit nicht zu Ende. Meine Geschichte ist nicht von meinen Verbrechen oder meiner Schuld bestimmt. Meine Geschichte ist davon bestimmt, dass Gott mich befreit hat – sie ist bestimmt von der Vergebung, der Liebe und Gnade, die er mir geschenkt hat.

Wenn meine tragische Geschichte etwas deutlich macht, dann Folgendes: Egal, wie schlimm und verkorkst unser Leben auch sein mag, es gibt Hoffnung. Es gibt immer Hoffnung, egal, wie viele Verbrechen wir begangen und wie vielen Menschen wir dadurch Schmerz zugefügt haben. Jesus gibt immer Hoffnung. Egal, wie viel Hass wir ertragen oder wie viel Schmerz und Leid wir anderen und uns selbst zugefügt haben, Gott schenkt immer Hoffnung. Er liebt uns bedingungslos, völlig ungeachtet unseres verkorksten Lebens.

Jesus ist gestorben, damit wir nicht sterben müssen. Ein besseres Opfer als das gibt es nicht. Wir brauchen nur um die Vergebung unserer Schuld zu bitten und von Herzen zu glauben, dass Jesus gestorben ist und Gott ihn vom Tod auferweckt hat. Dann können wir Jesus als unseren Herrn und Erlöser annehmen und in einer persönlichen Beziehung zu ihm leben. Wenn wir das tun, ändert sich das Leben vollkommen und wir werden erfahren, was es heißt, ein Abenteuer zu erleben, dessen Drehbuch von Gott selbst geschrieben wurde.

Nachwort

Wir haben „Befreit“ als letzte Geschichte in dieses Buch aufgenommen, weil unserer Meinung nach das größte und erstaunlichste Wunder darin besteht, dass Gott jeden Tag Menschen wie Paul befreit und dass die drei großartigsten Worte der Welt *Ich liebe dich* sind. Und genau das sagt Gott uns so deutlich durch das Geschenk seines Sohnes.

Denn Gott hat die Menschen so sehr geliebt,
dass er seinen einzigen Sohn für sie hergab.
Jeder, der an ihn glaubt, wird nicht zugrunde gehen,
sondern das ewige Leben haben. Johannes 3,16

Falls Sie noch keine persönliche Beziehung zu Jesus Christus haben, beten wir, dass diese Geschichten Sie von seiner Liebe und seiner Macht im Leben seiner Kinder überzeugt haben und dass Sie ihn so kennen- und lieben lernen wie wir.

Und falls Sie gerade Schweres durchmachen: Im Buch Hiob gibt es einen Vers, in dem es darum geht, dass Mut aus der Hoffnung erwächst (Hiob 11,18). Wir beten, dass die Geschichten dieses Buches Ihnen Hoffnung machen, die aus der Beziehung zu Jesus entsteht, und dass sie Ihnen den Mut schenken, mit Ihrem Leben auf den hinzuweisen, an den Sie glauben.

Danksagung

Gottes Familie ist eine erstaunliche Truppe von Menschen, die tagtäglich Opfer bringen, sich mitteilen und Kontakte knüpfen, damit Menschen Jesus kennenlernen. Die gesammelten Geschichten in einem Buch wie *Gott kümmert sich um dich!* wären gar nicht ohne den erstaunlichen Gott möglich, dem wir dienen und danken, und all den Menschen, die zu ihm gehören und weitererzählen, was er in ihrem Leben tut.

Wir – Don Jacobson und K-Love – danken also von Herzen:

– unserem großen Gott und Erlöser Jesus Christus. Diese Geschichten beginnen und enden alle bei dir.
– allen Autoren und Autorinnen, deren Geschichten in diesem Buch erscheinen.
– Craig Borlase, dem Schriftsteller, der den Verfassern geholfen hat, ihren Geschichten die passende Form zu geben.
– Christine Metcalf für ihre hervorragende Lektoratsarbeit.
– der W Publishing Group bei Thomas Nelson – es ist eine Freude, mit Ihnen zu arbeiten.
– der K-LOVE-Familie, die tagtäglich Millionen von Zuhörern von Jesus erzählt – unsere Zusammenarbeit ist ein echter Schatz.

Euch/Ihnen allen sind wir sehr, sehr dankbar.

MIX
Papier aus verantwortungsvollen Quellen
FSC
www.fsc.org
FSC® C014496

Verlagsgruppe Random House FSC® N001967
Das für dieses Buch verwendete FSC®-zertifizierte Papier
Enso Classic 95 liefert Stora Enso, Finnland.

Die amerikanische Originalausgabe erschien unter dem Titel
„It's a God thing. When Miracles Happen To Everyday People".
Published by arrangement with Thomas Nelson, a divison of
HarperCollins Christian Publishing, Inc.
W Publishing Group is a registered trademark of Thomas Nelson,
Nashville, Tennessee, USA.

1. Auflage 2015
Bestell-Nr. 817015
ISBN 978-3-95734-015-3

Umschlaggestaltung: Yannick Schneider
Umschlagfoto: Shutterstock
Lektorat: Nadine Weihe
Satz: DTP-Verlagsservice Apel, Wietze
Druck und Verarbeitung: GGP Media GmbH, Pößneck
Printed in Germany